Paroles de Grands Maîtres

GRANDE LOGE
DE FRANCE

Illustration de couverture :

Deuxième page de couverture aquarellée d'un rituel manuscrit du 1er degré du Rite Ecossais Ancien et Accepté, que la précision des détails vestimentaires peut permettre de dater aux alentours de 1820/1830. La place des surveillants, nettement dessinée, est l'une des spécificités du Rite Ecossais Ancien et Accepté. On peut remarquer que le cordon, bleu, n'a pas encore de liseré rouge. Ce document provient des archives de la Grande Loge de France, qui avaient été pillées par les nazis, puis reprises par les troupes russes de libération et séquestrées pendant 60 ans par les gouvernements soviétiques successifs jusqu'en 2001, date à laquelle elles nous ont été restituées

Musée, Archives, Bibliothèque,
Grande Loge de France,
Collection Archives Russes.

Avertissement

Les textes publiés par
Points de Vue Initiatiques
n'expriment pas la position officielle
de la Grande Loge de France.
Ils engagent la responsabilité des auteurs
qui signent les articles.
La qualité de Franc-maçon n'est pas requise
des auteurs qui collaborent à cette revue.

Directeur de la Publication : Yves-Max VITON
Grand Maître de la Grande Loge de France

Numéro spécial d'après une idée d'Alain GRAESEL

Directeur de la Rédaction : José BARTHOMEUF
Rédacteur en chef : Alain POZARNIK
Rédacteurs en chef adjoints : Bernard BOUCHARD,
Dimitri DAVIDENKO
Iconographie proposée par : Pierre ROSENWALD
Archiviste : François ROGNON
Secrétaire de la Rédaction : Sabine FORGEOT

Dépôt légal : 4e trimestre 2003
N° ISSN 0298-0983

Commission paritaire : 75876 AS
Réalisation : R2N impression 40 rue des vignobles 78400 CHATOU

PAROLES
de
GRANDS MAÎTRES

Numéro spécial
de
Points de Vue Initiatiques

Sommaire

Préface	*Alain Pozarnik*	9
Éditorial		
- Chemins initiatiques	*Alain Graesel*	11
Paroles de Grands Maîtres		
- Que faisons-nous dans nos loges ?	*Yves-Max Viton*	15
- C'est de l'homme qu'il s'agit	*Jean-Claude Bousquet*	23
- Les chemins de la vérité	*Georges Komar*	41
- La franc-maçonnerie : un ordre initiatique dans une société démocratique	*Jean-Louis Mandinaud*	63
- De l'initiation		87
- Naissance de la maçonnerie spéculative : la Bible, la tolérance	*Michel Barat*	99
- Exotérisme, ésotérisme	*Guy Piau*	109
- Le temple maçonnique symbolisme et initiation	*Henri Tort-Nouguès*	119
- La Franc-maçonnerie, espérance des hommes	*Georges Marcou*	139
- Être franc-maçon	*Michel de Just*	155
- La Bible dans la Loge	*Richard Dupuy*	163
- "De la vie avant toute chose" (Extraits de son livre)	*Pierre Simon*	175

Préface

Être Grand Maître de la Grande Loge de France c'est être au centre de l'œuvre de Connaissance, au centre de l'équerre et du compas intimement entrelacés, là où vibrent les mille voix des frères de l'Obédience. Pour celui qui n'est pas exercé aux murmures des joies, des souffrances et des intrigues, cette polyphonie paraît confuse alors qu'elle révèle le grand ordre secret de la vie enroulée des chaudes terres jusqu'à l'azur infini du ciel.

Il ne se trouve pas dans l'histoire d'un franc-maçon, une aventure initiatique plus exaltante ni plus étrange de par le dévouement qu'elle exige, que celle de la grande maîtrise. Retranché dans des tâches de gestion concrètes et éprouvantes, exposé aux critiques les plus médiocres, aidé par les plus sincères des frères, le Grand Maître se soumet délibérément aux charges de sa mission librement choisie. Il se tient humblement devant les pierres de l'Obédience et ne s'attribue pas une gloire qui n'est pas sienne. Il veille à la conformité du travail initiatique autant qu'à la gestion et à l'administration des biens de tous afin que tous œuvrent sereinement à leur perfectionnement.

Le Grand Maître de la Grande Loge de France, qui n'est en rien un guru, écoute en silence le verbe des uns et des autres mais ne se laisse séduire par aucune saveur de vanité et d'orgueil. Seule la fraternité, l'amour qui n'a d'autre cause que lui-même, est son salaire et sa récompense. Il y puise sans cesse de quoi aimer davantage, être juste et vertueux dans ses actions.

Humblement le Grand Maître, après l'avoir reçue, transmet par son exemplarité la science initiatique qui ne s'enseigne pas et il veille sur la pérennité des rituels du Rite Écossais Ancien et Accepté pour que ceux qui veulent répondre à l'appel secret de leur cœur, trouvent intact une méthode qui comblera leur espérance et éveillera leur conscience.

Le Grand Maître n'est pas tout puissant, il n'est pas non plus omniscient mais par sa rigueur et sa manière d'être, il illumine les ténèbres, ouvre le chemin tortueux et exprime la profondeur de la sagesse que sa présence et sa conduite encouragent à chercher à l'intérieur du Temple que chacun est pour porter au dehors, dans la société la splendeur et l'immensité de la beauté fraternelle et de la solidarité humaine.

Chaque Grand Maître est pétri par son cheminement. Sa personnalité varie d'un homme à un autre. Humain, il agit suivant ce que son histoire en a fait mais toujours avec probité, beauté, justice et charité. Il œuvre au progrès de chaque membre de l'Obédience, c'est-à-dire au progrès de l'humanité toute entière en même temps qu'il préserve la spécificité et la souveraineté de la Grande Loge de France. Il a souvent l'occasion de s'exprimer par écrit ou en conférences publiques.

La diversité des textes que nous présentons dans ce numéro spécial de "Points de Vue Initiatiques" marque la volonté de chaque Grand Maître de préserver et d'éclairer un aspect particulier de l'idéal maçonnique pour que chacun d'entre les lecteurs trouve sa place dans la Grande Loge de France, dans la société et dans le monde, sur la scène de l'existence qu'il traverse en s'interrogeant sur le sens et le but de la vie.

Recevoir la lumière à la Grande Loge de France, c'est emprunter un chemin de dépassement de soi-même pour s'orienter vers l'universel le plus intime. C'est dans cette perspective que votre revue "Points de Vue Initiatiques" aborde les divers sujets afin que nous enrichissions ensemble nos propres richesses. Nous n'apportons pas aux lecteurs des raisons de se recroqueviller sur ses pensées ou de les fuir, mais des possibilités de se trouver, de trouver le fond de l'Être et d'écouter l'écho de sa voix enfermé dans l'empreinte de la voix universelle des autres… fussent-ils Grands Maîtres.

Alain Pozarnik

EDITORIAL

CHEMINS INITIATIQUES

C'est une banalité de le dire : les temps sont révolus où les valeurs comme le Bien – en soi –, la Vérité – absolue – et la Justice – comme modèle –, trônaient au ciel inaltérable des Idées de la pensée platonicienne.

Frédéric Nietzsche, à la fin du XIXe siècle et avant de sombrer dans la nuit de sa folie nous l'avait lancé comme un avertissement : selon lui Dieu était mort, et avec lui, les valeurs transcendantes.

Il voulait remplacer ces statues tombées à terre par un Surhumain que certains, dans les années trente et quarante ont transformé en une terrible et lamentable caricature.

L'humanité ayant avorté du Surhomme avant même qu'il ne fût conçu, les hommes et les femmes de la fin du XXe siècle, – c'est-à-dire nous –, qui avaient en charge au moins de construire l'Être Humain, l'ont remplacé par l'individu, petit bonhomme souvent sympathique, parfois pathétique, qui prend ses désirs pour des réalités sans avoir toujours conscience de la réalité de ses désirs, déboussolé par la complexité de l'humain – ce qui peut se comprendre après le XXe siècle comme nous l'avons connu – aboutissant par ses inconséquences et ses éruptions éthiques souvent passagères, à une vaste opération de neutralisation de valeurs placées sous perfusion et qui n'ayant, depuis longtemps, plus aucun fondement autre que le relatif (Max Weber l'a bien montré), se rejoignent parfois dans la nullité objectivement revendiquée.

Car – paradoxe logique ou mathématique – lorsque tout est considéré comme égal à tout, c'est alors que rien ne vaut plus rien.

Exceptée la mise en scène frénétique des ego individuels qui trouvent aujourd'hui des moyens de s'exprimer que la technologie ne leur avait jamais donné jusque-là.

Le constater ne relève ni de la complaisance ni de la délectation morose.

La vie humaine est une aventure exceptionnelle.

Mais l'histoire des hommes – passée ou contemporaine – nous fait cruellement comprendre, contrairement à ce que pensait Hegel, que tout le réel n'est pas rationnel et que des pans entiers de ce réel sont au contraire marqués par l'absence de raison.

Car lorsqu'elle s'y manifeste, c'est parfois comme rationalité de la terreur et de massacres planifiés dans le délire, – grâce à un logiciel pervers ? – et non pas sous la forme du raisonnable que l'on voudrait pouvoir considérer comme la qualité d'un comportement qui viserait à l'équilibre, à la mesure et à une certaine sagesse, passant pour cela nécessairement par le respect intangible de l'Être Humain majuscule, dans les êtres humains particuliers.

On pourrait céder à la fatigue, au désenchantement, au nihilisme distingué.

Ce n'est pas dans notre projet de Francs Maçons.

Et nous pourrions volontiers faire nôtre cette belle exhortation d'Antonio Gramsci visant à substituer "au pessimisme de la raison, l'optimisme de la volonté".

Car il s'agit de dire oui à la Vie, à son insondable richesse, à la possibilité pour chacun d'optimiser ses capacités créatrices. Il s'agit de s'affronter à l'espace qu'elle permet à chacun d'ouvrir, pour se créer et pour créer, se construire et construire, suivant en cela l'invitation qui nous est lancée à la fin des Tenues par le Vénérable Maître "d'achever au dehors l'œuvre commencée dans le Temple".

Ce n'est pas un oui d'approbation ou d'acquiescement au monde et à ce qu'il peut nous imposer d'atroce ou d'intolérable. C'est un oui de consentement lucide, d'adhésion déterminée, d'assentiment énergique à la Vie elle-même et à l'aventure sur des chemins toujours ouverts.

Cet assentiment passe, pour nous qui sommes Francs Maçons, par l'engagement initiatique. Il n'est pas la seule voie de réalisation personnelle et collective, il s'en faut de beaucoup. Mais il est un des plus passionnants, où l'on se confronte à soi-même et aux autres, à l'ordre, nécessaire, et à la liberté, fondamentale.

Mais pour quoi faire ? Et pourquoi ?

Chercher et trouver, construire du Sens.

Sans attendre que quiconque le fasse pour nous car comme le dit le philosophe Marcel Conche “A chacun de faire qu’il y ait du sens à vivre…”

Nous traversons des temps qui ouvrent des abîmes d'incertitude sur la capacité des êtres humains… à être humains.

Or, lorsque le doute s'installe ou qu'il se perpétue, il n'est pas inutile de savoir d'où l'on vient pour tenter de comprendre où l'on veut aller.

C'est à cette question, et à celles qui s'en déduisent, que nous invitent à réfléchir les textes des Passés Grands Maîtres et du Grand Maître de la Grande Loge de France.

Les Frères du Conseil Fédéral ont souhaité les rééditer dans ce numéro spécial de Points de Vue Initiatiques qui leur est consacré.

Entendre Richard Dupuy nous parler de la Bible comme du Volume de la Loi Sacrée qui “représente la démarche de l'humanité frayant sa route sur le sol des réalités”, entendre Henri Tort-Nouguès nous inviter, grâce à l'initiation, à faire la part “dans l’homme, entre ce qui est nature et nécessité et ce qui est esprit et liberté” ne pourra que renforcer encore nos convictions à poursuivre le chemin initiatique sur lequel nous nous sommes engagés.

Georges Marcou, Michel de Just, Jean Claude Bousquet, Jean Louis Mandinaud, Michel Barat, Georges Komar, Pierre Simon, Yves Max Viton, tous nous le disent à leur manière et dans leur style : l’Homme, dans sa seule figure individuelle, est une dimension destinée à être dépassée car vouloir pour lui un destin qui ne serait que l’individu reviendrait à négliger, en lui, la fabuleuse richesse qui lui permet d’être à la fois cela et plus que cela.

Il existe en chacun d’entre nous une transcendance du spirituel et de l’humain dont nous sommes – un éminent penseur l'a suggéré – la prodigieuse intersection.

Transcendance de l'ordre de l'être, qui nous appelle vers son mystère et nous relie à ce qui nous dépasse. Transcendance de l'ordre de l'éthique, qui nous lie et nous relie à l'ensemble de nos Sœurs et Frères, en Maçonnerie et en Humanité.

Cette aventure spirituelle est celle du Rite Écossais Ancien et Accepté.

Sa dimension initiatique est incomparable.

Les Passés Grands Maîtres et le Grand Maître de la Grande Loge de France nous invitent à marcher en leur compagnie sur les chemins de l'intelligence et de la volonté, sur ceux de l'esprit et du cœur.

Prenons la liberté de cheminer à leurs côtés.

Alain Graesel

Yves-Max VITON

Grand Maître en chaire de la Grande Loge de France

Yves-Max Viton est le Grand Maître en chaire de la Grande Loge de France, depuis le mois de juin.

Il a été initié à l'Orient de Rouen en 1971 à l'âge de vingt cinq ans, dans la Respectable Loge "La Tradition Ésotérique". Ses obligations professionnelles l'implantent à Angers où il est appelé à occuper plusieurs plateaux à la Respectable Loge "L'Énergie Angevine" avant de s'installer définitivement à Amiens, où il s'affilie à la Respectable Loge "Lamarck".

Yves-Max Viton considère que le point majeur de la tâche d'un Grand Maître est d'être le gardien de la souveraineté de la Grande Loge de France et qu'il doit perpétuer l'identité et la Tradition qui façonne l'Obédience. Pour lui et c'est un aspect nouveau de la Charge de Grand Maître, il est impératif d'assurer la pleine lisibilité des actions entreprises au nom de l'Obédience, afin de garantir la sérénité du chemin initiatique des frères. "Nous sommes au service d'un Ordre qui reconnaît la primauté du spirituel sur le matériel, dit-il, et nos propres valeurs nous commandent de dissiper tout ce qui peut être trouble".

Il précise dans une récente interview : "la Grande Loge de France s'appuie à la fois sur une volonté humaniste et sur une vocation spirituelle. Pour nous ce sont des pôles qui s'aimantent mutuellement, des réalités qui se prolongent l'une l'autre. Nous reconnaissons la primauté de l'esprit sur la matière et ce n'est pas sans conséquences. Notre volonté humaniste se traduit par une libre expression de notre diversité dans un dialogue fraternel".

Pour le Grand Maître Yves-Max Viton, la Maçonnerie nous permet d'accomplir un destin qu'on ne croyait pas être pour soit, d'accéder à une part d'humanité qu'on n'aurait pas osé solliciter : "La Maçonnerie est une force pour le monde contemporain qui n'en a pas fini avec la peur et le rejet de l'autre, avec l'incompréhension culturelle et l'anathème religieux ou politique." Pour Yves-Max Viton les valeurs maçonniques ne présentent pas seulement une certaine modernité mais elles relèvent de l'urgence.

A. P.

Que faisons-nous dans nos Loges ?

La franc-maçonnerie, basée sur le symbolisme et le vocabulaire des anciens bâtisseurs, a une spécificité initiatique, c'est-à-dire vocation à transformer et améliorer l'être humain en approchant la connaissance par l'écoute réciproque, le partage du ressenti. Par ce travail, l'homme se libère au moyen de l'oubli du moi.

Le travail en loge maçonnique consiste donc à travailler sur soi-même en distinguant le savoir de la connaissance, en séparant radicalement ce que l'on sait de ce que l'on croit, et ainsi, à participer à l'enrichissement spirituel et humaniste de notre temps.

C'est dans la loge, sanctuaire et réserve de vie et d'énergie, lieu où souffle l'esprit, où s'allient la connaissance, la volonté et l'amour, que les Frères travaillent, sans isoler la Tradition de la modernité.

Nous sommes une association, une alliance d'hommes ou et de femmes, selon les obédiences, libres et de bonnes mœurs, de toutes ethnies, de toutes nationalités, de toutes croyances. Des humains en recherche des mystères qu'entretiennent entre eux l'Homme, l'univers et les dieux pour trouver la plénitude du sens de notre vie.

Convaincus de la perfectibilité de l'homme, nous sommes résolument optimistes, car le franc-maçon est aussi “cet homme qui au plus profond de la nuit, veut croire à la lumière”, comme l'écrivait notre Frère Gœthe, reprise par Renan. Cette lumière, il la cherche non seulement pour lui, mais aussi pour les autres hommes, ses Frères, et voudrait la faire régner sur le monde, sur tous les hommes, et la partager avec eux.

Mais, concrètement, que peut-il faire ?

Pour changer la vie, il faut d'abord s'efforcer de changer les mentalités et les hommes en éveillant leur conscience, en suscitant leur réflexion, en encourageant leurs efforts et en leur donnant le courage de cet effort et la volonté de l'accomplir.

Ce que la franc-maçonnerie propose à l'homme aujourd'hui c'est un espace, un outil, une méthode, un lieu.

Le lieu, c'est la loge, lieu d'une rencontre entre les hommes que les conditions de vie, les croyances religieuses, les convictions politiques pourraient tenir éloignés les uns des autres.

La loge, c'est le lieu du dialogue véritable, c'est-à-dire d'un échange qui suppose la reconnaissance en chaque homme de la liberté et de la présence en lui de la raison. Le dialogue est impossible si l'on ne pense pas que le désir le plus profond de l'homme est désir de la vérité, dont Gaston Bachelard disait "quelle est fille de la discussion" et si, en même temps, on ne reconnaît pas à chaque conscience la liberté de rechercher la vérité ; car "l'unanimité des hommes ne pourra se réaliser que dans la liberté" (Karl Jaspers). Tout dialogue implique une tolérance réciproque et l'idéal de tolérance n'est pas un idéal dépassé. Nous devons donc veiller à éviter la polémique (de polemos, guerre).

Nous n'avons pas vocation à défiler dans les rues, bannières au vent. C'est pourquoi, outre le secret véritable, d'ordre purement symbolique, relevant de l'intériorité individuelle et qui ne saurait intéresser un non-maçon, il faut distinguer le secret d'appartenance du secret de fonctionnement.

Le premier relève de la discrétion individuelle ; chacun doit respecter le secret d'appartenance. Le secret de fonctionnement est d'une tout autre nature, et il n'existe plus depuis longtemps ; on trouve tous les ouvrages sur la franc-maçonnerie et les rituels de tous grades dans les grandes librairies, et dans les colloques et les conférences que nous organisons, nous disons qui nous sommes.

Certaines obédiences sont plus impliquées dans le social, d'autres, comme la Grande Loge de France, dans le spirituel. Nous sommes des laboratoires d'idées que nous publions dans notre revue Points de Vue Initiatiques et que nous exprimons dans des débats publics et de colloques interobédientiels, comme celui sur la Dignité Humaine, au palais des Congrès de Paris, et lors de conférences publiques, ainsi que sur notre site Internet gldf.org et dans nos émissions sur France Culture, le 3e dimanche de chaque mois à 9 heures 40.

Il y a aujourd'hui un double refus, celui du pacte juridique et celui du sacré. Ces deux valeurs fondamentales de la vie collective sont en péril et désorientent à la fois les esprits et les conduites. Il ne peut y avoir de sociétés humaines viables sans respect du pacte juridique explicite ou implicite qui lie les hommes entre eux par ce contrat fait de deux volontés, de deux libertés qui se reconnaissent et s'obligent au respect réciproque de leur engagement. Beaucoup de nos contemporains sont des hommes sans croyance profonde, sans foi, quelle que soit cette foi, coupés de leur passé et de leur origine, dépouillés de toute tradition et par là même veufs de tout idéal et de toute espérance, perpétuellement candidats à l'émigration pour n'importe quel nouveau monde pourvu qu'il ne ressemble pas au nôtre.

L'homme a peut-être oublié la finalité qui consistait d'abord à rechercher la vérité et à la mettre au service de l'homme. Car s'il n'y a plus de transcendance et si dans l'homme on ne veut plus reconnaître cette transcendance, celle de son esprit, de sa raison et de sa liberté, il perd sa dignité essentielle, ce qui le fait être homme. Il n'est plus un sujet, une conscience, il n'est plus qu'un objet, qu'une chose.

Trop souvent, aujourd'hui, on désacralise ce qui est sacré, on sacralise ce qui est profane et matériel. Notre monde moderne nous semble atteint gravement dans sa substance, dans son être le plus profond. La méconnaissance de la dimension spirituelle de l'homme entraîne son avilissement.

Le franc-maçon de la Grande Loge de France a fait délibérément le choix de l'humanisme allié à la spiritualité. L'humanisme en tant que conception de l'existence, selon laquelle l'homme doit se construire et s'affirmer indépendamment de toute mystique ou tout système dogmatique, et qui a pour objet l'épanouissement de l'homme, en tant que valeur suprême. C'est-à-dire un être dont la dignité doit être affirmée et protégée contre toutes les formes d'assujettissement, qu'il soit religieux, idéologique, politique ou économique.

Mais cela nécessite aujourd'hui une extrême lucidité, afin de repenser la place de l'homme dans un monde qui a tendance à le nier. Il nous faut définir et défendre un nouvel humanisme, un humanisme critique qui maintient la référence universelle à des valeurs, sans ignorer l'importance des cultures ou des sociétés particulières ; ou, pour le dire autrement, la mondialisation de la culture et l'interpénétration des civilisations conduiront à l'obligation de concilier l'universalité des valeurs et la diversité des cultures. C'est l'un des défis de la franc-maçonnerie pour le XXIe siècle.

La spiritualité n'implique pas nécessairement une religion, car si toute religion est spirituelle, toute spiritualité n'est pas religieuse ; elle implique une métaphysique et la pratique d'une ascèse physique et mentale.

Si la spiritualité s'oppose généralement à la matérialité, au sens où elle s'en est dégagée, pour le franc-maçon de la Grande Loge de France, la spiritualité s'oppose à la temporalité, l'ouvrant ainsi à la recherche du sens de notre vie, de l'accomplissement de l'être, tant dans son quotidien que dans le silence du processus de recherche d'élévation, pour rechercher ce qui a été perdu et rassembler ce qui est épars dans l'ensemble de la connaissance.

Mais la pensée seule ne suffit pas à transformer le monde, encore que Averroès, Descartes, Leibniz, Kant, Anderson, Gandhi, Pasteur, Fleming et bien d'autres ont bien modifié le cours des choses pour le reste des temps.

Si la première mission des loges est d'initier, elles doivent, dans l'harmonie toujours recherchée, veiller attentivement à donner aux Frères les meilleures conditions d'exercice de leur démarche initiatique, de volonté humaniste, en ce qu'elle propose un devenir plus digne pour l'être humain, une élévation spirituelle entendue comme lieu de liberté personnelle, d'intériorité, donc d'authenticité, qui les mènera à la prise de conscience d'une altérité, cadre privilégié de l'ouverture intérieure.

Puisque nos rituels disent qu'il faut achever au-dehors l'œuvre commencée dans le Temple, quels sont les enjeux d'aujourd'hui pour les obédiences maçonniques au sein de la société ?

Les Droits de l'Homme sont des valeurs purement occidentales dont d'autres cultures ne partagent pas les exigences. La laïcité, concept typiquement français, à l'origine, avec la loi de 1905, est un problème d'actualité auquel est confronté l'occident et en particulier notre pays. La laïcité, c'est la coexistence de toutes les libertés de pensée et de pratiques possibles, le droit de l'individu primant sur celui d'une communauté ; c'est permettre à l'individu d'acquérir force et puissance pour devenir le seul auteur de ses pensées, de ses actions qui lui permettront de se passer de gourous et de recours à une autorité transcendantale. N'est-ce point là l'enjeu du siècle pour notre société et pour les francs-maçons, au sens d'autorité morale ?

Nous sommes plus que jamais devant des choix de société et c'est au nom de ces principes que la franc-maçonnerie doit faire entendre sa voix. Dans un monde en pleine mutation politique économique, la modification la plus importante est bien la mutation spirituelle, qui peut être une révolution.

Le chantier est immense. Alors, que vive la franc-maçonnerie !

Yves-Max Viton

Jean-Claude BOUSQUET

Né en 1933, Jean-Claude Bousquet est avocat, agrégé et docteur en droit, professeur des universités Initié en 1983 à la Respectable Loge "Saint-Jean du Verseau" à l'Orient de Montpellier, Jean-Claude Bousquet a été Grand Maître de la Grande Loge de France de juin 1995 à juin 1996 puis de juin 1998 à juin 2001.

C'EST DE L'HOMME QU'IL S'AGIT

Paru dans PVI N° 99 - 1995

Dans ce texte l'auteur examine la question centrale de l'être humain qui, nous dit-il, semble se trouver au centre des préoccupations contemporaines mais dont en réalité l'essentiel est oublié, laissant ouverte et sans réponse, la question du sens et de la finalité de l'existence.

Se pose ainsi, par conséquent, la question du mystère de l'être et de l'importance du sens que chacun devrait pouvoir donner à son existence, dans la perspective du questionnement de la finalité de la vie elle-même.

Constatant au passage les insuffisances d'un rationalisme réduisant l'Homme à son pouvoir technique, Jean-Claude Bousquet met en évidence quelques uns des points essentiels de la démarche des Franc-Maçons de la Grande Loge de France.

Démarche spirituelle et humaniste

Jean-Claude Bousquet affirme le caractère non séparable de la démarche spirituelle et humaniste pratiquée en Grande Loge de France.

Spiritualité comme démarche de recherche visant à élever chacun vers la dimension de son mystère, dont aucune équation ne saurait rendre compte.

Humanisme comme démarche d'ouverture aux Autres, Frères et Sœurs en maçonnerie et en humanité.

L'initiation apparaît ainsi comme la fécondation mutuelle de l'humanisme et de la spiritualité dans le but progresser vers une fraternité authentique.

Initiation et connaissance de soi

Rappelant la différence usuelle entre éthique et morale (proche de la position du philosophe P. Ricoeur), l'éthique constituant la "recherche d'une vérité du comportement" et la morale, "l'application de règles générales" par chacun pour conduire sa vie en référence à des normes, Jean-Claude Bousquet précise que la volonté de se connaître mieux ne peut en aucun cas consister en une contemplation narcissique de chacun par lui même mais doit manifester le désir de traverser les apparences pour aller à l'essentiel, qui réside au cœur de chacun.

Il précise dans cet esprit que la recherche de l'unité – de soi en soi et en relation avec les autres – n'a rien à voir avec la volonté d'uniformité des individus et des groupes ou la recherche d'un processus fusionnel d'indifférenciation comme il existe dans les mystiques sectaires.

Le Grand Architecte de L'Univers

Jean-Claude Bousquet rappelle que le Grand Architecte de l'Univers est à la fois une invitation à la construction et un signe vers la liberté.

Car s'il est, en tant que Architecte, porteur d'un sens et encouragement pour chacun à donner, individuellement et collectivement, du sens à sa vie, il est aussi, en tant que principe créateur non révélé, invitation pour chacun à parvenir à "la liberté… de retrouver ce sens dans sa propre voie", position essentielle qui garantit à chaque Franc-Maçon de la Grande Loge de France sa liberté de conscience en ce domaine.

Dignité humaine
Jean-Claude Bousquet termine en précisant que l'initiation, comme ouverture à soi même préfigure, annonce et encourage l'ouverture de chaque Franc-Maçon aux autres et au monde car "c'est ici et maintenant que le combat doit être livré", attestant ainsi du souci constant des membres de la Grande Loge de France de défendre et promouvoir les droits et les devoirs de l'Homme et de défendre sa dignité.

Jean-Claude Bousquet met en évidence une fois encore dans ce texte, que la Grande Loge de France est une obédience respectueuse de la liberté de pensée de ses membres et qui les encourage à travailler à leur liberté de conscience.
Elle ne saurait ainsi s'aligner, ni sur un matérialisme réducteur de la complexité infinie de la vie et des êtres, ni sur un dogmatisme oppressant, imposant à chacun une vérité dont il ne serait pas en mesure de faire lui-même l'expérience au travers de l'initiation.
La démarche qu'elle préconise ne peut vouloir s'engager ni dans l'impasse philosophique du non être – car elle manifeste une volonté de densité et de construction –, ni dans l'impasse éthique ou morale du non sens – car elle est une méthode de recherche et de réflexion à la fois personnelle et collective qui vise la conception et la réalisation, par chacun, du sens de sa propre vie, en lien avec la communauté fraternelle de tous les Êtres humains-.
Car au cœur même de l'initiation, pour chaque Franc-Maçon, c'est bien toujours "de l'Homme qu'il s'agit".

A. G.

C'EST DE L'HOMME QU'IL S'AGIT*

"Mais c'est de l'homme qu'il s'agit!
Et de l'homme lui-même
quand donc en sera-t-il question ?
Quelqu'un au monde élèvera-t-il la voix ?"

Tous ont reconnu le passage de Saint-John Perse dont la première phrase a inspiré à Jean Bernard le titre d'un ouvrage de réflexion sur la science et sur l'homme. Si je me suis permis d'en reprendre à mon tour les termes – dans un but infiniment plus modeste – c'est parce qu'ils me paraissent traduire le problème crucial de notre temps.

Que faudrait-il donc faire? ne manqueront pas de rétorquer certains : l'homme n'est-il pas déjà au centre des préoccupations de nos sociétés ? A-t-il jamais été aussi étudié, aussi choyé, aussi flatté jusque dans ses aspects les moins dignes d'admiration ? Sa liberté n'est-elle pas proclamée, ses conditions d'existence améliorées, son espérance de vie prolongée, ses droits gravés dans nos textes fondamentaux au détriment, murmurent les censeurs, de ses devoirs quelque peu négligés ?

Tout cela est vrai. Mais il apparaît aussi que ces conquêtes successives sur le monde, sur la matière et sur la vie ont laissé entier le problème fondamental de l'homme et ont peut-être même favorisé en lui la sourde progression d'une angoisse, la prise de conscience d'un vide.

De là découle un malaise généralement ressenti dans nos sociétés et qui prend l'aspect d'un triple paradoxe.

Le premier est celui de la connaissance. Nos écoles, nos livres, nos

* Conférence prononcée dans le cadre du "Cercle Condorcet-Brossolette".

médias nous fournissent un savoir de plus en plus étendu, de plus en plus complexe mais de moins en moins “structurant”. Ce savoir permet à l'homme du vingtième siècle de faire et d'avoir dans des conditions constamment améliorées. Il ne l'aide aucunement à être. Et ce mot d'être conduit à évoquer un malaise d'ordre ontologique. Jean Rostand a décrit cette situation avec une terrible lucidité : “La science expliquera tout et nous n'en serons pas plus éclairés ; elle fera de nous des dieux ahuris”. Un dieu ahuri représente sans doute l'exact antonyme de ce que veut être, de ce que doit être l'initié qui se contente de sa condition humaine mais entend du moins devenir pleinement un homme et pour cela construire sa personnalité, se construire.

Une deuxième constatation se situe dans le prolongement direct de la précédente. Les découvertes de la science apportent des réponses à presque toutes nos questions sauf à la principale : celle de la signification du monde et de la vie. Les savants du dix-neuvième siècle ont pu croire que leurs recherches fourniraient aussi cette réponse ; ceux du vingtième siècle sont persuadés du contraire. De ce fait nos contemporains ont tendance, par paresse ou par angoisse, à évacuer cette interrogation sur la finalité pour se replier sur des préoccupations matérielles. Cette attitude pourrait se résumer en une formule : tout importe excepté Tout. L'existence ne précède pas seulement l'essence ; elle l'occulte. Le malaise ontologique se double ainsi d'un malaise métaphysique.

Au moins l'homme moderne peut-il se réfugier dans une vie sociale de mieux en mieux organisée, de plus en plus satisfaisante ? Même cela n'est pas certain. Une législation prévoyante jusqu'à la minutie expose pourtant les hommes à une solitude sans précédent, les faisant paraître chaque jour plus éloignés les uns des autres dans le désert de leurs mégalopoles. L'homme éprouve ainsi que la véritable solitude n'est pas toujours l'absence des autres mais plus profondément l'absence de soi-même, l'absence à soi-même ; que là encore, une construction de la vie s'impose ; qu'une science humaine authentique ne fait pas l'objet d'un diplôme universitaire supplémentaire mais résulte plutôt d'un secret d'amour que le monde a perdu.

La description de ce triple désarroi pourrait conduire à la remise en cause de l'humanisme moderne. Celui-ci a sans doute privilégié à l'excès une dimension de l'homme au détriment de l'insondable complexité qui fait toute la richesse du phénomène humain. Le système purement rationaliste qu'il a imposé s'avère réducteur. L'humanisme seul risque de conduire à son contraire c'est-à-dire à la négation de toute spiritualité au profit d'une rationalité qui perd peu à peu son rôle conceptuel pour se ramener à un savoir-faire d'ordre technique. Certains sociologues, critiques de la modernité, ont évoqué en ce sens la substitution d'une rationalité des moyens à une rationalité des valeurs.

La pensée maçonnique, cependant, refuse de se laisser enfermer en de telles oppositions et s'efforce toujours de les surmonter pour accéder une vérité supérieure. En l'espèce, la lecture de l'article 1er de la Constitution de la Grande Loge de France suffit à dissiper toute ambiguïté : “Les francs-maçons travaillent à l'amélioration constante de la condition humaine, tant sur le plan spirituel et intellectuel que sur le plan du bien-être matériel”.

Il est ainsi affirmé que les deux notions de spiritualité et d 'humanisme sont inséparables dans la démarche maçonnique. Un humanisme éclairé par la spiritualité, une spiritualité à visage humain, telles sont les deux perspectives dans lesquelles cette démarche peut être perçue et par conséquent les deux voies qui s'ouvrent à notre réflexion.

* * *

L'humanisme maçonnique n'a de sens qu'éclairé par une spiritualité. Cette première proposition doit cependant être lavée d'un possible soupçon de tautologie. On pourrait soutenir en effet que cet alliage est déjà contenu dans la définition même de l'humanisme. Comment placer les valeurs humaines au-dessus des autres sans les avoir, au préalable, parées de spiritualité ? L'histoire récente a pourtant montré la possibilité et du même coup les limites d'un humanisme purement matérialiste. C'est pourquoi il est bon d'insister sur le fait que la foi en l'homme qui caractérise la franc-maçonnerie repose sur une exigence d'un autre ordre, cette exigence produit, dans la démarche initiatique, un double écho : la recherche d'une éthique et l'ébauche d'une métaphysique.

On a pu remarquer depuis quelques années une tendance à utiliser le mot d'éthique de préférence à celui de morale. Cette substitution a plusieurs causes dont certaines montrent quelque futilité : recherche de mots qui paraissent plus savants, utilisation d'un vocabulaire à la mode. Mais l'étymologie inspire une réflexion plus profonde : éthique peut dériver de deux mots grecs, ethikos et ethos. Et si le premier désigne bien la morale, de sorte qu'à cet égard les deux termes sont synonymes, le second s'applique plutôt au caractère, à ce qui est propre à chacun, à ce qui fait l'originalité de tout homme. Une distinction se dessine ainsi entre une morale considérée comme un corpus de règles générales quasi immuables et une éthique qui est plutôt recherche par chacun de la vérité qui lui est propre et qui est donc susceptible d'une évolution permanente.

Le sociologue Max Weber a rendu plus explicite encore cette distinction en décrivant deux formes d'éthique qu'il appelle éthique de conviction et éthique de responsabilité. La première se fonde sur la reconnaissance d'une vérité irréfutable – ou supposée telle – pour en déduire des conséquences nécessaires. C'est celle que l'on rencontre dans la démarche religieuse ou idéologique. La seconde rejette au contraire tout système préconçu au profit d'un examen particulier de chaque situation pour en déduire la meilleure solution.

Le récent débat auquel a donné lieu, en France, l'élaboration de nouveaux textes relatifs à la bioéthique fournit un excellent exemple de cette double démarche. En présence des procédés de procréation assistée que permet maintenant la médecine, certains s'en tiennent à un principe à leurs yeux intangible : celui de la sacralité des origines de la vie. Toute intervention humaine dans ce domaine doit dès lors être considérée comme illégitime, y compris par des procédés comme l'insémination artificielle qui paraissaient pourtant généralement admis. Tel est le résultat d'une éthique de conviction. L'éthique de responsabilité conduira au contraire à analyser, dans chaque méthode de procréation, les motifs, qui peuvent être sérieux ou relever du caprice, voire du phantasme, les garanties de stabilité à l'égard de l'enfant et surtout les répercussions possibles sur le génome humain.

Il faut se réjouir d'une évolution qui dénote une plus grande tolérance et ouvre d'intéressantes perspectives à une recherche scientifique responsable. Mais il convient aussi de prendre conscience des dangers que le rejet soudain de l'éthique de conviction peut faire courir à une humanité ainsi privée de repères stables. N'y a-t-il pas là l'une des causes du désarroi des sociétés modernes ? Applicable sans réserve dans le monde scientifique parce qu'elle s'adresse alors à des esprits déjà formés aux problèmes qu'ils vont rencontrer, l'éthique de responsabilité risque de placer l'individu moyen devant de grandes difficultés.

Ce n'est pas à dire qu'il faille y renoncer. Il y a là au contraire un défi lancé aux hommes du troisième millénaire et les défis sont faits pour être relevés. Mais il convient de mieux préparer les individus – tous les individus, non pas seulement certaines élites – aux nouvelles responsabilités qui découleront de cette éthique. Dans le monde qui se prépare, chaque homme endossera sa part de responsabilité : comme l'a si bien écrit Saint Exupéry, chaque sentinelle est responsable de tout l'empire. Lorsqu'on sait que la symbolique maçonnique repose essentiellement sur la notion de construction, construction d'un Temple intérieur, construction de l'homme et de sa personnalité, on ne peut que se réjouir de constater à quel point le renforcement de l'éthique de responsabilité se situe dans l'exact prolongement de cet objectif.

Et cet intérêt supplémentaire de la démarche initiatique se retrouve dans un grand nombre de thèmes dérivés de l'idée centrale de construction. Trois d'entre eux méritent ici un bref commentaire : la connaissance de soi, l'ascèse initiatique et la recherche de l'unité.

La connaissance de soi ! Vieille curiosité qui hante le bipède depuis qu'un second cerveau autorise de telles spéculations ; peut-être aussi depuis que la découverte du miroir l'incite à se regarder au fond des yeux. Objectif au demeurant lié aux plus anciennes quêtes humanistes comme en témoigne l'origine socratique du précepte. Mais notre siècle utilitaire s'interroge nécessairement sur la raison d'être de cette recherche.

Et comme il a raison de la faire, devant la multitude des contresens possibles : observation méticuleuse à la façon d'un entomologiste, analyse littéraire d'un infiniment petit proustien, examen de type freudien des tréfonds et des bas-fonds de l'âme, dédoublement baudelairien de l'heautontimoroumenos alternativement victime et bourreau, volupté narcissique, le choix est largement ouvert. Il ne s'agit évidemment de rien de tout cela et même plutôt du contraire. Narcisse est captivé par une image, victime d'une illusion, alors que la connaissance de soi qui nous intéresse est une traversée des apparences pour parvenir à l'essentiel. Mauriac fait dire à l'un de ses personnages les plus odieux : “Jamais l'aspect des autres ne s'offrit à moi comme ce qu'il faut crever, comme ce qu'il faut traverser pour les atteindre”. Il pourrait en dire autant de la longue et difficile quête de soi-même qui oblige à dépasser sa propre apparence, à écarter les éléments artificiels qui dissimulent la vérité intérieure.

Dans la symbolique maçonnique, il est souvent question d'un nécessaire abandon des métaux. Cette action symbolique est généralement interprétée par référence aux métaux précieux. Se détacher de l'or, de l'argent, de la richesse permet de contenir l'avidité, l'ambition pour se rendre plus disponible. Cet idéal est certes important, notamment en une période propice à tant d'excès ; mais il n'est pas spécifiquement initiatique. On le rencontre dans toute association caritative. Ce qui est plus profondément visé sous la brillance des métaux c'est une forme de détournement, de divertissement au sens pascalien du terme. Au milieu du fatras qui compose une vie, parmi les ambitions de toute sorte, devant les projets qui souvent n'aboutissent pas – ce qui est décevant – et qui parfois aboutissent – ce qui peut être plus décevant encore – il faut faire le tri de ce qui est essentiel.

Un personnage de Fort-Saganne décrit ses premières impressions sur le désert : “ici, il ne suffit pas de s'endurcir, il faut aussi se simplifier”. La formule est initiatique. Et elle rejoint un autre symbolisme également connu pour sa haute portée initiatique, celui des voyages, de ces voyages qui, à travers de multiples épreuves permettent à l'homme de se retrouver dans tous les sens du terme. Combien d'illusions, de rêves, de faux-semblants, Ulysse avait-il laissé en chemin lorsqu'il remit le pied sur la terre d'Ithaque ?

Remarquons au passage qu'à travers ce thème de l'abandon des métaux nous retombons sur la distinction de la morale et de l'éthique. Au point de vue moral il y a là un précepte de désintéressement, de générosité, de don de soi. Au point de vue éthique, dans l'acception précédemment retenue, cet abandon se fait recherche en chacun de l'essentiel, des bases sur lesquelles doit être construite sa vie.

Un mot vient alors tout naturellement à l'esprit et c'est celui d'ascèse. Le mot est juste : il existe effectivement une ascèse initiatique. Il faut toutefois la distinguer d'autres formes d'ascèses, notamment dans le domaine religieux, qui ont une tout autre signification. Il ne saurait être question de sacrifices, de privations, permettant à l'homme de devenir autre que ce qu'il est mais au contraire d'un effort afin d'être lui-même, de devenir enfin ce qu'il est. On pourrait reprendre ici l'exclamation célèbre d'Epictète : “Tu portes un dieu en toi, malheureux, et tu l'ignores !” mais la reprendre en changeant un mot : “Tu portes un homme en toi” et, ajouterions-nous, c'est cet homme qu'il convient, à travers les tumultes et les malentendus de l'existence, de retrouver, c'est ce cheminement vers l'être qui constitue la meilleure réponse au malaise ontologique.

La vie impose à beaucoup d 'hommes un personnage dans lequel ils doivent, bon gré mal gré, se glisser. Le rôle peut être brillant ou terne, important ou secondaire et correspondre plus ou moins aux aspirations de chacun; mais c'est un rôle. De là découle parfois l'impression d'une perte d'authenticité, voire d'identité qui, dans ses aspects pathologiques les plus graves, conduit à la schizophrénie. De nombreux sociologues expliquent la crise de la modernité par une réduction de 1'homme à une fonction économique dans laquelle il ne retrouve pas ses autres dimensions.

Il n'est sans doute pas inintéressant, à ce stade du raisonnement, de réfléchir quelques instants à la singulière destinée du mot personne. Dans le théâtre romain, "persona" désignait le masque qui servait à estomper la présence physique de l'acteur jugée gênante pour la crédibilité de l'action. L'abstraction du rôle l'emportait ainsi sur la réalité de l'homme. En ce sens, on peut soutenir que l'acception négative du mot personne, suggérant un vide, une absence, est la plus fidèle à l'étymologie: derrière le masque, il n'y a personne.

Macbeth, à l'approche du désastre final, rejoint cette conception dans la tirade célèbre: "La vie n'est qu'une ombre qui passe, un pauvre acteur qui s'agite sur la scène et que personne n'écoute, un récit plein de bruit et de fureur conté par un idiot".

Un rapprochement pourrait être ici tenté avec la pensée précédemment citée de Jean Rostand. Gavé d'un savoir préfabriqué, l'homme incline vers le dieu ahuri qu'évoque notre biologiste; prisonnier des apparences, englué dans l'éphémère, dispersé dans le futile, il devient le pauvre acteur shakespearien se démenant sans résultat sur scène.

La démarche de l'initié doit donc se situer à l'opposé de tout cela: retrouver l'être derrière l'acteur, faire tomber le masque, tuer un personnage factice, un moi superficiel. Après ce meurtre rituel, 1'homme, délivré de la gangue des métaux, purifié du maquillage des apparences, se reconnaît enfin tel qu'il est.

Carl Jung, dans le vocabulaire bien particulier des philosophes, décrit un processus très comparable, le passage du moi au soi, des tiraillements séparatistes de l'égo à la reconnaissance de ce qui, en chaque homme, fait rayonner l'humanité. Mais cette quête de l'unité, cette recherche – également très initiatique – du centre n'entre-t-elle pas en opposition avec une éthique de la responsabilité précédemment définie comme une quête individuelle ? Aucunement si nous suivons jusqu'au bout le raisonnement de Jung qui montre que, par la prise de conscience des points de repère qu'il appelle des archétypes, l'harmonie finit par émerger du chaos. Michel Barat a évoqué dans le même sens une "conversion du regard" qui, d'abord orienté vers le monde extérieur, "va se tourner pendant quelques instants vers l'intérieur de soi-même, non pour se détourner du monde mais pour le redécouvrir ensuite avec un autre regard".

Et c'est peut-être aux poètes qu'il faut, en ce domaine, demander le message primordial. Il existe entre l'expression poétique et la démarche initiatique symbolique, une indiscutable parenté ; elle tient à l'appréhension directe et instantanée des phénomènes, sans passer par les étapes successives d'un raisonnement qui parfois segmente et dessèche la pensée. Bachelard ne dit pas autre chose lorsqu'il voit en la poésie "le principe d'une simultanéité essentielle où l'être le plus dispersé conquiert son unité".

Quand Baudelaire, par exemple, s'exclame dans *Le gouffre* : "Ah ! ne jamais sortir des Nombres et des Êtres", il exprime une pensée dont on peut se demander s'il a bien pesé tous les éléments ou s'il ne s'agit pas justement de l'une de ces intuitions fulgurantes qui ouvrent au poète l'accès direct au primordial.

Car ce que Baudelaire affirme ainsi c'est la nécessité à laquelle il ne peut échapper de dépasser l'évidence des nombres et des êtres dans une quête de l'unité qui est la raison d'être de son œuvre. Il rejoint ainsi Platon qui, dans le *Parménide*, montre l'importance de la lutte entre l'un et le multiple et l'inévitable déchirement de la pensée entre l'unité, objectif permanent de l'esprit humain, et la multiplicité, détour inévitable de sa démarche. Ainsi l'un se situe non seulement au-delà des nombres, ce qui est arithmétiquement évident, mais aussi au-delà des êtres et de leur diversité. Et Baudelaire, par la formule qu'il utilise, par le regret qu'elle exprime, montre l'ambiguïté de sa démarche, qui est l'ambiguïté de toute démarche humaine, constamment partagée, entre deux postulations, entre le gouffre et l'azur, les ténèbres et la lumière.

A l'issue de ce périple autour de plusieurs thèmes fondamentaux, il est permis d'affirmer que le processus initiatique reconstitue l'unité, entre une morale naturelle qu'il est évidemment hors de question de récuser, et la nécessaire recherche d'une vérité propre à chacun. C'est la rencontre des deux racines grecques éthikos et ethos, lorsque la personne a jeté le masque, lorsque l'homme devient enfin ce qu'il est.

Cependant, l'objectif d'une construction de l'homme oblige à poser une autre question : est-il raisonnable d'ouvrir un chantier, d'entreprendre de bâtir sans avoir d'abord conçu un plan. D'une façon plus générale, toute recherche ne suppose-t-elle pas la détermination préalable d'une direction, d'un sens ? Et là se situe le reproche souvent adressé à notre époque. Beaucoup vont affirmer que l'homme moderne a perdu le sens du devoir, le sens de l'effort, le sens des responsabilités et jusqu'au sens de la beauté. Si tout cela est vrai, ne serait-il pas plus simple de dire en résumé, qu'il a perdu le sens du sens ?

Cette tendance, à dire vrai, n'est pas propre à notre époque. Du fond des âges, l'homme perçoit l'appel de l'absurde de son destin inachevé, ses aspirations mal définies, ses questions sans réponse, tout contribue à faire naître en lui la tentation du désespoir, le sentiment de l'inutilité et jusqu'au goût amer de la dérision. Il nous arrive de croire cette philosophie moderne parce que ses dernières résurgences ont eu lieu sous la plume d'un Camus ou d'un Sartre ou dans la caméra d'un Fellini mais elle était déjà dans l'Ecclésiaste. Et c'était peut-être pour lui fournir un dérivatif que nos lointains ancêtres décoraient les parois de leurs cavernes, préoccupés déjà d'une création qui leur survécut, soucieux déjà d'élargir les limites de leur prison. Cette philosophie de l'absurde en vérité, ne saurait être originale parce qu'elle est originelle.

Mais ce qui, pour les francs-maçons, rend la question cruciale, est que leur démarche repose entièrement sur l'idée de progrès. Or, que peut signifier ce mot sans la détermination préalable d'un sens ? Le progrès sans le sens, c'est le superlatif d'un qualificatif qui n'existerait pas c'est la poursuite du mieux en ignorant le bien, c'est l'aveu que l'on ne sait pas ce que l'on veut mais que l'on en veut davantage.

C'est pourquoi l'initiation maçonnique, si elle n'impose à l'évidence aucune doctrine ni aucune idéologie, postule néanmoins une croyance minimale sans laquelle le processus tout entier deviendrait sans objet : la croyance en la signification, en la non-absurdité du monde et de la vie.

Remarquons d'ailleurs que Saint-Jean, dans le prologue de son évangile adopte une présentation identique. Au commencement était le logos indique que la seule démarche dont dispose l'homme pour accéder à la vérité consiste à prendre conscience d'un ordre, d'une logique et par conséquent d'une finalité du monde visible pour en tirer ensuite les déductions qui lui paraîtront s'imposer. Et en ajoutant que le logos est auprès de Dieu, Jean montre un processus possible permettant de passer de l'ordre logique des choses à un principe créateur de cet ordre.

Il n'en faudrait évidemment pas déduire un glissement dans le sens opposé, de la tentation de l'absurde à celle du dogmatisme de la tentation du non-sens à celle du sens imposé. Si les francs-maçons partagent une religion c'est, dans un sens très particulier, celle qu'évoquent les *Constitutions d'Anderson* la religion naturelle, que tous les hommes acceptent “quelles que soient les croyances qui peuvent les distinguer”, afin que la franc-maçonnerie devienne le centre de l'union.

C'est bien à cela que correspond le symbole fondamental du Grand Architecte de l'Univers. Double symbole, peut-on même affirmer. Parce qu'il est un architecte, porteur d'un plan, il représente le sens du monde. Mais parce qu'il n'est qu'un architecte, principe créateur et non dieu révélé, dans une perspective déïste mais non théïste, il symbolise simultanément la liberté laissée à chacun de retrouver ce sens dans sa propre voie, en fonction de ses opinions et de son expérience, sans aucune suggestion ni contrainte.

Appuyée sur ce symbole, la démarche initiatique offre une position d'équilibre. A la tentation du non-être par la dispersion dans les préoccupations matérielles, elle oppose une éthique de la construction de l'homme. A la tentation du non-sens, elle répond par une métaphysique de la libre recherche spirituelle. Devant la possible dérive d'un matérialisme réducteur, elle proclame l'existence d'un principe créateur et par là d'une transcendance. Mais pour préserver l'homme de la dérive inverse d'un dogmatisme oppressant, elle formule ce principe par le truchement d'un symbole, d'un architecte garant de la liberté et de la dignité de l'homme.

Voilà bien le visage humain de cette spiritualité et cela nous conduit au deuxième sujet de réflexion initialement suggéré.

Le texte de la Constitution de la Grande Loge de France précédemment cité met en évidence le rejet d'une pensée purement dualiste qui en opposant deux principes et deux vies, finirait par ôter toute consistance à l'existence terrestre. Les poètes – avec lesquels on peut ne pas être en accord permanent – ont souvent développé ce thème en affirmant par exemple, comme Rimbaud, que "la vraie vie est absente" ou comme Breton, que "la vraie vie est ailleurs". Pour le franc-maçon c'est ici et maintenant, sans d'ailleurs préjuger le reste, que le combat doit être livré.

Ce souci d'éviter les cloisements artificiels, de ne pas isoler ni abaisser les préoccupations terrestres et humaines, a notamment produit deux conséquences: un attachement profond à la défense des droits de l'homme et le goût d'une fraternité dont il conviendra de préciser la signification.

Nul n'ignore le rôle historique joué par la franc-maçonnerie dans la Déclaration des Droits de l'Homme et du Citoyen. Il est d'ailleurs intéressant de constater, en cette circonstance, la manifestation d'un principe qui a constamment guidé l'attitude de la Grande Loge de France: ce principe repose sur une distinction entre le débat politique proprement dit, auquel cette obédience s'interdit de participer, et le respect dû à la dignité de l'homme, qui doit inspirer une vigilance permanente et susciter au besoin des prises de position énergiques.

Socrate, dans une Réponse à Calliclès, avait d'ailleurs posé les bases de cette distinction: "En refusant de nous engager dans la joute oratoire politique au jour le jour, nous sommes quelques athéniens à pratiquer le véritable art politique".

Il n'est pas exclu que la situation présente conduise à poser le problème en des termes identiques. Beaucoup s'interrogent en effet sur la destinée des Droits de l'Homme et sur une évolution qu'il pourrait être opportun de favoriser. Ces droits ont été conçus, dans une période révolutionnaire, comme une réaction contre l'omnipotence du pouvoir et dès lors comme une affirmation de l'individu contre l'Etat. Par la suite, cette conception a quelque peu évolué mais il en est resté l'idée d'une neutralité de l'Etat. Les droits sont alors des prérogatives abstraites qu'il incombe à chaque individu de concrétiser à sa guise et en fonction de ses facultés. L'Etat a seulement pour rôle d'assurer cette possibilité: il n'a pas à intervenir dans une réalisation effective des droits. De nos jours, la gravité de certains problèmes, notamment du chômage, incite à penser que ce rôle n'est plus suffisant et que la protection des Droits de l'Homme exige une action plus directe. Les études auxquelles procèdent, chaque année, les membres de la Grande

Loge de France montrent l'intérêt qu'ils portent à cette évolution.

Ce souci est évidemment lié à la fraternité. Mais voilà encore un mot susceptible d'interprétations diverses et parfois erronées. Contrairement à ce que certains croient, la fraternité maçonnique n'est pas celle d'un groupe fermé. Elle est au contraire exigence de rayonnement, d'élan vers l'humanité tout entière.

Cette conception de la fraternité n'est d'ailleurs pas étrangère au concept de connaissance de soi précédemment rencontré. Se connaître, c'est aussi s'aimer, sans complaisance certes et en rejetant toute propension à l'égocentrisme et au narcissisme ; mais en s'efforçant de mieux comprendre la nature humaine de sorte que cette connaissance de soi conduit tout naturellement à connaître et à aimer l'autre, “mon semblable, mon frère”. Comme l'a superbement écrit Michel Barat en paraphrasant une formule célèbre : “Je pense donc tu es”.

Cette ouverture sur l'humain permet au passage de mieux comprendre en quoi la franc-maçonnerie se distingue de ces sectes dont on parle tellement à l'heure actuelle pour en déplorer l'action souvent pernicieuse. Un observateur superficiel pourrait discerner des points communs : tentative de rattachement à une tradition, à des mythes fondateurs, souvent bien hypothétiques dans les sectes ; existence de rites qui constituent parfois de pâles imitations : tout cela peut créer la confusion. Mais il existe une différence fondamentale qui suffit à dissiper cette confusion. La plupart des sectes ont pour préoccupation majeure et immédiate de séparer leur nouvel adepte de son entourage : de sa famille lorsqu'il s'agit d'un jeune, de son conjoint pour un adulte, à moins que le conjoint n'adhère lui-même au groupe. Et par la suite, la philosophie proposée tendra à une rupture avec la société notamment par le thème de la fin du monde provoquée par les errements de l'humanité dont il convient donc de se distinguer. Le terme même de secte suggère d'ailleurs cette coupure. L'Initiation maçonnique tend au contraire à améliorer les relations de l'homme avec son milieu : l'œuvre commencée dans le Temple doit se continuer au dehors.

Pour la même raison, la fraternité maçonnique ne saurait être réduite à un élitisme. Le franc-maçon ne vise pas à être meilleur que les autres ; il s'efforce seulement d'être meilleur que lui-même. Un élitisme du cœur est concevable mais certainement pas celui du diplôme ou de la position sociale. C'est la diversité qui fonde l'universalité authentique. A la fin des Séquestrés d'Altona Sartre fait dire à l'un de ses personnages : "un et un font un". La désespérante similitude des êtres qu'il entend ainsi dénoncer n'est que l'écho de son célèbre : "L'enfer, c'est les autres". Nous pourrions, quant à nous, dire avec un égal irrespect pour l'arithmétique mais un tout autre respect pour l'homme et pour son destin : "un et un font trois". Le ternaire de la fraternité ramène ainsi à l'unité. Si l'on peut bien y réfléchir, on constate que la devise "liberté, égalité, fraternité" qui est aussi celle de la franc-maçonnerie traduit la même progression : la liberté égoïste ; l'égalité est alors la réponse d'une dualité susceptible d'engendrer des conflits : je suis libre mais tu es mon égal et ta liberté peut contrarier la mienne. Et la fraternité ramène à l'unité par le dépassement d'une apparente opposition, par la prise de conscience de ce qui, à travers la diversité des individus, constitue 1'homme en sa Plénitude.

L'homme est destiné à être dépassé, peut-être. Mais Nietzsche l'affirme dans un sens que nous ne pouvons accepter. Zarathoustra prononce ces paroles en pensant au surhomme. Pour lui, le dépassement doit se réaliser par la substitution d'une autre catégorie d'hommes. Et par là, Nietzsche annonce, s'il ne l'a pas expressément souhaité, l'avènement de régimes totalitaires qui ont tué, persécuté, bâillonné au nom d'un tel changement. Pour nous, résolument, ce n'est pas du surhomme qu'il s'agit.

*
* *

La conclusion, s'il peut en exister une, d'un tel débat s'oriente nécessairement vers l'ouverture de la pensée. André Gide, dans la préface des *Nourritures Terrestres*, donne ce conseil au lecteur : "Lis-moi et quand tu m'auras lu, jette ce livre et sors. Je voudrais qu'il t'eut donné le désir de sortir". Peut-être Gide fournit-il ainsi la clé de l'œuvre d'art et peut-être même de l'art de vivre. Il faut apprendre à sortir ; à sortir du système de pensée dont on s'est entouré comme d'une cuirasse, sortir de la prison des certitudes, du cercle vicieux d'une puissance qui ne servirait qu'à créer de la puissance, d'une sagesse même qui, en tournant sur elle-même deviendrait folie car le langage courant contient une erreur : le fou n'est pas celui qui a perdu la raison, c'est celui qui a tout perdu, excepté la raison. En un mot, il faut sortir de soi-même ; mais en sortir pour revenir ensuite, plus simple et plus fort.

Le phénomène initiatique, à travers les âges, montra la permanence de thèmes qui prennent parfois valeur de mythe, ce mythe qui, selon Françoise Dolto, est une rencontre de tous les imaginaires sur une même représentation.

A travers Osiris, Orphée, Prométhée, le Christ, Hiram, s'exprime l'idée que l'homme, pour se réaliser, doit accepter une forme de mort. Il faut mourir à quelque chose pour qu'une renaissance, ailleurs et autrement s'accomplisse.

Tous ces éléments et bien d'autres encore se retrouvent dans la tradition initiatique. Symphonie enivrante, tragédie somptueuse où tout célèbre la grandeur de l'homme dans son espérance jamais vaincue. Mais symphonie dont le quatrième mouvement reste toujours à écrire, tragédie dont le dernier acte est à rejouer tant il est vrai que la tradition initiatique n'est pas figée, qu'elle ne se confond certes pas avec le traditionalisme et qu'elle offre à chacun de nous la perspective d'un apport nouveau, d'une contribution à l'œuvre universelle.

Ainsi comprise, l'initiation est avant tout une réconciliation. Réconciliation de l'humanisme avec la spiritualité : de l'homme avec lui-même afin de le conduire à une fraternité authentique ; réconciliation avec le monde et avec le destin ; réconciliation avec la vie afin d'aboutir, peut-être, à une réconciliation avec la mort. Mais à travers les péripéties et les étapes, toujours et partout, c'est de l'Homme qu'il s'agit.

Jean-Claude Bousquet

Georges KOMAR

Georges Komar, né en 1930,
a été docteur en médecine
et chirurgien,
directeur de clinique.
Initié en 1967, à la Respectable
Loge N° 796 "Le Maillon"
à l'Orient de Lille en 1967,
Georges Komar a été Grand
Maître de la Grande Loge de
France de juin 1996 à juin 1998.

Bibliographie :

- *Tout se passe comme si...*, Éditions Ivoire Clair
- *Rêve et réalité,* Éditions Ivoire Clair (février 2004)

LES CHEMINS DE LA VÉRITÉ

Paru dans le PVI N° 78 - 1990

S'appuyant sur sa connaissance de la philosophie occidentale, sa culture judéo-chrétienne et en même temps son ouverture aux sagesses de l'Orient, Georges Komar découvre au travers de la figure de différents philosophes, penseurs et poètes, les liens étranges et prolifiques que peuvent tisser entre eux les concepts de vérité, de parole et de silence et en arrive à ce qui se présente comme une des vérités du Franc-Maçon, marquée par la conviction “que les hommes participent d’un tout”

La vérité de l’initiation est d’abord dans le silence qu’elle requiert.

Silence qui n'a évidemment rien à voir avec l’objectif d’un complot fantasmatique contre une autorité politique ou spirituelle quelle qu'elle soit, mais qui manifeste le souci de respecter le mystère de l’alchimie qui s’opère, par l’initiation, entre soi même et les autres.

Silence par conséquent comme dimension supérieure de l'échange, qui allège la parole, lui donne relief et sens et qui laisse s'installer un dialogue favorisant la rencontre entre la réalité des êtres et des choses, et leur apparente étrangeté.

Evocation poétique du mystère inexprimable de l’être, à la fois sujet individuel et relation aux autres, qui donne sa grandeur à la condition humaine, l’initiation ouvrant chaque Franc-Maçon à cette dimension de l'altérité et de l'intersubjectivité souvent décrite par les philosophies existentialistes et si bien évoquée par Emmanuel Levinas : “ce que tu es comme faisant partie de moi même” et “ce que je suis comme faisant partie de toi-même”.

Georges Komar distingue trois chemins de vérité.

Celui d’une spiritualité ouverte, non dogmatique, ascensionnelle, qui vise à affranchir l’Homme d'un ego pesant qui retient sa démarche vers plus de liberté intérieure.

Celui d'une initiation qui ne prétend évidemment pas disputer à la science le territoire de l’efficacité opératoire mais “qui relève le défi de la Transcendance” et qui à l’instar de la poésie, veut soulever le voile des apparences derrière lequel évoluent les êtres et les choses.

Celui d’un amour enfin, qui est “à lui seul une vérité”, car s’il est amour pour nos Frères et Sœurs en humanité il est amour pour la vie et devient, au-delà même du seul sentiment d’affection, un art de vivre la condition humaine, marqué par la connaissance de soi et transcendé par la reconnaissance de l’autre, car “aimer c’est aider l’autre à devenir”.

La conclusion donne à Georges Komar l’opportunité d’une métaphore ambitieuse (voir ce que dit Paul Ricoeur sur ces sujets dans son ouvrage “La métaphore vive”) puisqu’il s’agit pour chaque individu, rien moins que d’écrire, “avec l’encre de sa vie”, une histoire personnelle qui appartient à l’humanité entière et renvoie à son principe universel, le Grand Architecte de l’Univers pour que “nous soit enfin dévoilé ce qui de l'Absolu fut autrefois perdu” et pour donner le désir de “continuer vers l’inconnu jusqu’aux repères invisibles mais éblouissants” de la vérité.

Celle de chacun, sans aucun doute.

A. G.

Les Chemins de la Vérité*

“La pire mésaventure, heureusement improbable, qui pourrait advenir à l'esprit humain, serait la découverte d'une Vérité définitive” tient à mettre en garde, dans le “*Dieu Masqué*” Thierry Maulnier, l'académicien qui vient de disparaître.

Et pourtant ! Depuis que l'intelligence lui a été donnée l'homme ne cesse de courir après le secret de son âme, en mal d'une vérité fondamentale dont la perte est encore à ce jour tragiquement vécue dans son irréparable. Orphelin amnésique de l'Histoire, qui aurait tout oublié de ses origines, jusqu'à l'éventualité qu'il put en avoir, l'homme porte en lui comme d'autres une cicatrice invisible – mais – sensible, la nostalgie de l'Unité… Initiatrice : impression confuse d'insatisfaction ! vague de sentiment d'incomplétude !.. mal-de-vivre informulé en somme ! La nostalgie de l'unité première, c'est aussi une soif d'absolu.

Au commencement de notre passé – c'est le Livre qui le dit – le fils aîné de la terre matricielle a prématurément goûté au fruit réservé de la Connaissance. Il a laissé l'immortalité des formes, entraînant du même coup avec lui dans le “temporalat” toutes les œuvres de la Création, sous le triple signe profane de l'autre, du deux et du multiple. Mais en dépit des siècles et des siècles, au-delà du silence, quelque chose d'indéfinissable en l'homme se souvient.

Les Hindous le disent un peu différemment quand ils racontent, à travers une vieille légende brahmane, que tout être humain possède à son insu son propre divin, un divin sans visage, si bien dissimulé dans les replis de l'inconscient qu'il s'y est perdu. Livre ou légende, il est dans la destinée de l'homme de briser la malédiction du binaire profane, de retrouver en lui le divin de l'être qui du fond de l'inconnaissable lui

* Conférence prononcée dans le cadre du “Cercle Condorcet-Brossolette”.

parle d'unité, d'infini, d'éternité, de réveiller de ses cendres assoupies cette petite étincelle originelle, afin que, grossie de ses semblables, elle éclaire demain de la vraie lumière :

Les chemins de la Vérité

L'histoire de l'Humanité – ce sont les savants d'aujourd'hui qui le disent – est celle d'une longue suite ininterrompu d'ordre et de désordre qui a commencé il y a maintenant près de 15 milliards d'années. Contredisant Jacques Monod pour qui : “L'homme était perdu dans l'immensité indifférente de l'Univers d'où il a émergé par hasard”, de très sérieux astrophysiciens de renom, Hubert Reeves, entre autres, n'hésitent pas à déclarer publiquement que l'existence de l'Homme était inscrite bien avant lui dans l'aventure du Cosmos, dès l'instant premier, cet instant 0 + où l'énergie s'est faite matière et à partir duquel l'inconcevable a cessé de l'être. Tout se passe comme si l'Univers sorti on ne sait de quel chaos cosmique, de quel “en-soph”, le néant mythique des kabbalistes, ni par qui ni par quoi, avait été… providentiellement, oui c'est cela providentiellement, réglé pour que la vie apparaisse et que s'éveille la conscience des hommes.

Difficile de rester insensible à cette volonté exprimée par l'infiniment petit et l'infiniment loin originels, de se réaliser en l'homme, selon un protocole si merveilleux de précision qu'on pourrait douter qu'il ne fût préécrit ! Hasard, Génie créateur, bien peu aujourd'hui se risqueraient à conclure définitivement en faveur de telle ou telle hypothèse, dont dépend à l'évidence le sens de notre interrogation voire l'utilité même d'une réponse. Le monde, jusqu'ici, n'a pratiquement rien cédé de son intelligibilité, qui reste pour l'essentiel, aussi hermétique que ne l'était au siècle des lumières le *“Livre scellé”* de Kant (1724-1804).

Que puis-je savoir ?
Que dois-je faire ?
Que m'est-il permis d'espérer ?

s'interrogeait le philosophe de Koenigsberg pour nous dire plus simplement après tant d'autres :

“Qu'est-ce que la vie ?
Qu'est-ce que l'Homme ?”

En développant sa théorie de la connaissance essentiellement fondée sur des informations intuitives, leur compréhension et surtout sur la raison pure en dehors de toute autre considération empirique ou théologique Emmanuel Kant se posait en "humaniste du savoir" dans la mesure où il s'intéressait à la performance intellectuelle de l'homme, l'homme pris en "soi", l'homme tel qu'en lui-même avec ses limites certes, mais au centre de la nature à qui il donne un sens par ce qu'il est, par ce qu'il pense et par ce qu'il fait.

Plusieurs décennies auparavant René Descartes (1596-1650) pensait avoir trouvé avec l'Unité et l'Infini la preuve ontologique de Dieu dans sa "*Troisième Méditation métaphysique*" : "Car encore que l'Idée de substance soit en moi, de cela même que je suis une substance, je n'aurais pas néanmoins l'idée d'une substance infinie, moi qui suis un être fini, si elle n'avait mise en moi quelque substance qui fût véritablement infinie…". Pour l'auteur du génial "*Cogito*" – "je pense donc je suis" – Cogito Ergo Sum – Dieu existe puisqu'il est dans ma pensée, je peux tout mettre en doute sauf ce doute lui-même et la pensée qui l'engendre.

Entre le doute et la certitude, le "vraisemblable mais faux" et "l'incroyable mais vrai", l'homme – tantôt Prométhée vainqueur, tantôt Sisyphe vaincu - semble condamné à vivre avec l'angoisse que l'on dit métaphysique parce qu'elle lui vient de l'insaisissable Absolu. Le constat de sa vulnérabilité, la perspective de sa fin biologique, l'idée seule du Néant en sont une cause. L'irritante faillite intellectuelle à en expliquer le pourquoi, le sentiment d'incomplétude que laisse le souvenir enfoui de l'irréparable, en sont un autre mais combien plus tragique pour celui qui découvre que la liberté dont il jouit n'est peut-être, tout compte fait, qu'une liberté tronquée. Pas étonnant, dans ces conditions, que l'homme se prenne à rêver d'un "autre chose", d'un "ailleurs" où il n'aurait plus à rendre compte – au nom d'une mémoire collective - de la faute que le premier des nôtres aurait hier commise.

Mais au fait, qu'est-ce que cette faute dont on nous rebat les oreilles avec tant de complaisance et que l'humanité n'en finit pas d'expier. Le mythe de la faute originelle – car vous en serez d'accord, il s'agit bien d'un mythe – le mythe de la faute originelle plonge d'obscures et tenaces racines dans l'inconscient de l'Homme régulièrement confronté à ses propres limites, à ses propres faiblesses. Or, chacun de nous aujourd'hui, est Adam pour l'homme du futur, tous également faillibles mais tous également responsables à l'heure des choix essentiels. Aussi convient-il de ne voir là rien que symboles inspirés par l'arbitraire d'une condition dont nous avons tous à assumer, tout jusqu'à sa précarité, sans que néanmoins l'imaginaire, sans que la fiction ne prenne par trop le pas sur la Réalité. L'arbre de la connaissance, le fruit défendu, le serpent de la séduction, la chute originelle… Tout est symbole.

Ces fabuleux contes de fées pour adultes que sont les mythes renvoient à ce que nous sommes, à ce que nous faisons. Et peut-être davantage à ce que nous voudrions être ou ne pas être – faire ou ne pas faire – éternelle quête d'identité, de légitimité comme si quelque part en nous se cherchaient sans jamais se retrouver Eros et Psyché. Quoi qu'il en soit la vie a ses merveilles, les merveilles leurs secrets. L'homme n'aura de cesse qu'il ne parvienne à la connaissance de tous les secrets et mystères de la vie, qu'il ne parvienne, contre les préventions de Thierry Maulnier, au définitif de la Vérité.

La vérité pour le profane

On ne compte plus les aphorismes et les métaphores qui foisonnent dans la littérature à propos de la vérité. Nietzsche, l'homme de toutes les contradictions qu'il aura vécues jusque dans sa folie, en était particulièrement friand. "La vérité, peut-on lire dans une de ses œuvres maîtresses (volonté de puissance 1896-1911), est un genre d'erreur sans laquelle une espèce déterminée d'être vivants ne sauraient vivre"… un peu plus loin: "Il n'y a pas d'autre critère de vérité que l'accroissement du sentiment de puissance", et encore: "Nous avons l'art pour ne pas mourir de la Vérité". Il n'est de vérité que révélée dit le prophète qui se souvient ! Il n'est de vérité que par la connaissance exacte des sciences humaines et naturelles lui répondent d'une seule voix les philosophes et les savants, appelés désormais à se réconcilier sur son autel. Il n'est de vérité qu'initiatique, signent d'une seule main - au nom de tous les francs-maçons passés et à venir - deux pasteurs anglicans: James Anderson et Jean-Théophile Desaguliers… Celle que l'on gagne sur les dogmes, les idoles, les croyances bloquées, "les morales closes" ainsi que sur toutes les "idéologies-prétexte". Vérité, celle qui en amont procède de l'expérience ou celle qui en aval se mesure à l'aune du succès ! Vérité pour les empiristes ! Vérité pour les pragmatiques !

"Il n'y a de vérité que par l'esprit soutient le philosophe allemand

Leibnitz (1646-1716) qui interpellera, en français, les consciences du monde entier avec cette question désespérément sans réponse: “Pourquoi y a-t-il quelque chose plutôt que rien ?”, non lui répond Karl Marx (1818-1883) la vérité est dans la matière, et la conscience elle-même, n'en est que le reflet dans le cerveau de l'Homme. Il n'y a de vérité que dans ce que l'on fait et ce que l'on devient. Il n'y a de vérité que dans ce que l'on est.

Quand Hegel (1770-1831) pensait à Dieu et avec lui des hommes aussi éloignés qu'Aristote (384-322, Avant J.-C.), Eckhart (1260-1327), Rainer Maria Rilke (1875-1926), et Teilhard de Chardin (1871-1955), c'est à ce Dieu qu'il pensait: l'ensemble des forces connues et inconnues par lesquelles la nature, les hommes et le cosmos deviennent, progressent et s'accomplissent. Quand Jean Paul Sartre (1905-1980) pensait à l'humanité, c'est à l'existence vécue par les hommes qu'il pensait, libres d'être ce qu'ils sont dans le cadre d'une finitude pourtant non maîtrisée, où rien ne serait qui ne soit déterminé. L'existentialisme de l'après guerre – où l'on retrouve un peu de ce qu'enseignait déjà Socrate (470-399 avant J.-C.) à qui de l'agora voulait le suivre – prend acte du primat de l'existence sur l'essence de l'être avec ou sans un Dieu, selon qu'il se réfère au Danois Kierkegaard (1813-1858) ou à l'Allemand controversé Heidegger (1899-1976).

Face au perpétuel questionnement des philosophes et des savants sur le Moi, l'Univers et Dieu: qui vous paraît le plus déterminant?

L'esprit! sans lequel le corps serait comme une poupée désarticulée, privée jusqu'au savoir d'elle-même? ou la matière, sans laquelle l'esprit serait comme une errance sans objet, aussi inutile que les ailes et le vent sans le moulin? Ce que l'on est appelé à devenir, jouet de la providence, du destin… du hasard? ou ce que l'on est, en fonction de ce que l'on a librement décidé d’être? Entre Leibnitz, Marx, Hegel, Sartre et leurs semblables, entre les spiritualistes, les matérialistes, les existentialistes et… tous les autres, ce bout de dialogue imaginaire ébauché ici se poursuit à travers les âges depuis que ce monde est celui de l'intelligence pour dire l'histoire des hommes telle qu'en leur diversité, ils la conçoivent.

Alors, s'il y a tant de sortes de vérité, “autant que d'âmes en Israël” (Rabbi Luria, le Saint Lion de Saphed, un mystique familier aux kabbalistes), est-ce à dire qu'il n'en existe aucune?

N'y aurait-il donc, ici bas, de vérité, que dans le silence par lequel elle aurait choisi de nous parler et dont savent si bien se nourrir les sages de l'orient. Chut ! juste un doigt posé sur le bord des lèvres…

Ceux qui lisent les Saintes Ecritures se souviennent du silence observé par le Nazaréen en réponse à la question de Pilate sur l'essence même de la vérité. Les autres se souviendront du poète. “Seul le Silence est grand, tout le reste est faiblesse” (Lamartine). “C'est dans le silence seul que la vérité de chacun se noue et prend ses racines” (Saint-Exupéry).

“La vérité, c'est moi ! Pour oser le prétendre, il faut accepter par avance de mourir comme Lui sur la croix entre deux larrons ! ! ! De cette alliance (de cœur et de raison) entre l'esprit et la matière dont rend compte l'affirmation de la vérité, on attendrait qu'elle s'impose à tous comme s'impose à tous l'axiome dans son évidence ou le postulat dans son indémontrable – mais – vrai. C'est sous-estimer le poids des différentes conventions du moment, des traditions, des cultures, des considérations d'opportunité politique quand ce n'est pas celui de la tyrannie. Il n'en est pas de pire, en tous les cas, que celle à laquelle on voudrait nous contraindre : la vérité d'une démocratie, n'est-ce pas la liberté d'avoir la sienne, de la conserver ou… d'en changer.

“La vérité existe, on n'invente que les mensonges” répétait volontiers, Georges Braque (1882-1963). Une lointaine et mystérieuse déesse Maya couvre de son voile la réalité des choses, ne laissant transparaître que l'écume maquillée des illusions. La nuance est d'une telle subtilité parfois que l'on est en droit de se demander avec l'auteur du Zarathoustra, si les vérités ne sont pas, tout compte fait, des illusions dont on aurait oublié qu'elles le sont. En résumé, l'idée de la vérité, est une prise de conscience d'une réalité, que l'on exprime à un moment donné, avec ses nuances voire ses différences ! à travers le filtre de sa personnalité, sur la scène engagée des conventions, des traditions et des cultures.

Voilà ce qu'un philosophe, un peu pressé par le temps, aurait peut-être aimé vous dire, entre autres, sur la vérité, si son intention avait été d'évoquer brièvement, à travers quelques citations, par quelle fragile alchimie de l'esprit, la pensée s'accorde avec son objet quand le probable devient une certitude, et le concept, un “sentiment accru de puissance” : avoir raison. Sans doute vous aurait-il recommandé de lire ou de relire "l'Ethique" publiée en 1677 – soit quelques mois après la mort de son auteur, un philosophe juif d'Amsterdam – maudit par les siens, méprisé par les autres, mais jusqu'au terme de sa vie ivre de Dieu et de vérité : Baruch Spinoza (1632-1677).

Or nous nous trouvons présentement, au 8 de la rue de Puteaux, dans l'Hôtel depuis peu rénové de la Grande Loge de France. Souffrez donc que ce soit maintenant en franc-maçon, franc-maçon de la Grande Loge de France en particulier, que je vous parle de la Vérité et je vous confierai ensuite les chemins susceptibles pour moi d'y mener.

La vérité du franc-maçon

Idéal de perfection, savoir absolu, connaissance suprême… Parole sacrée, Parole perdue… Lumière, Sagesse ou… Vérité, mieux que les mots qui se dérobent, dérangent ou trahissent, l'authenticité de ce que vivent les "Fils de la Lumière", autour d'une mosaïque de différences, dans le périmètre sacralisé, juste et parfait d'une Loge, est à même de raconter ce qu'est leur quête initiatique. Il importe que vous compreniez que le Secret maçonnique – cible favorite – n'est ni une dérobade de convenance, ni une je-ne-sais quelle conspiration suspecte de l'inavouable – mais bel et bien un secret initiatique par nature.

En chacun de nous, passe, dans le tréfonds du Soi le centre du cercle, symbole de notre transcendant. Qu'y a-t-il de plus secret que le tréfonds du soi, dont les Hindous ont fait "l'Atman", le divin caché de l'être ? Aurions-nous, d'ailleurs, autant de méthode que Descartes dans son discours, de subtilité que Pascal dans ses Pensées, aurions-nous le talent de Jaurès, le Génie d'Einstein, la "congruence" d'un Rogers ou la Sagesse d'un Confucius… que nous en serions encore à ne pouvoir dire l'indicible ni communiquer l'incommunicable.

La vérité de l'initié ?
C'est d'abord le silence
Chut !
Juste un doigt posé sur le bord des lèvres ! ! !

Mais rien ne nous interdit de rêver ensemble, les yeux ouverts !

Un objet inanimé, dont Lamartine s'inquiétait hier qu'il n'eût une âme, nous est accessible par sa forme et la substance qui le compose, c'est-à-dire par son apparence et ce que nous révèlent les scientifiques. Sous le microscope, la matière éclatée n'est que molécules et atomes, identiques – à l'âge près – aux particules primordiales dont ils sont la mémoire. Au terme de ce temps remonté, il y a le commencement et avant le commencement il y a… l'inconcevable, l'espace onirique du non-créé du non-être, le non-lieu indéterminé qui ne connaît ni ténèbres ni lumière, même pas “le ciel étoilé au-dessus de nos têtes” d'où Kant tirait l'affirmation de la présence divine. La vérité de la matière ? C'est l'impossible souvenir de l'avant-premier jour !

L'être humain aussi nous est connu par son apparence. Mais en dehors de ses paroles, de ses actes, de ses comportements, et de ses émotions, en dehors de ce que nous en apprennent l'anatomie et la physiologie, il y a le mystère inexprimable de ce qu'il est une fois dépouillé de sa forme et de ses fonctions. La vérité de l'homme-nu, c'est ce que personne ne peut en voir et dont il a seul la perception secrète : “Ce qu'il cache” disait Malraux, l'invisible dedans par lequel tous finissent par se ressembler et n'en former plus qu'un, le dernier masque tombé, l'ultime voile vaincu. Ce que je perçois de moi, c'est aussi la perception de ce que tu es comme faisant partie de moi-même et à travers toi, à travers moi je perçois tous les autres réunis. Ce que tu perçois de toi, c'est aussi la perception de ce que je suis comme faisant partie de toi-même et à travers moi, à travers toi tu perçois tous les autres réunis. La vérité du sage, aux pieds de la déesse Maya, c'est le miracle renouvelé de l'identification originelle. Comme elle est aussi le miracle insoupçonné de la transparence !

“Pour un être conscient, exister consiste à changer, changer à se mûrir, se mûrir à se créer indéfiniment soi-même” pouvait-on lire en 1907 dans “*l'évolution créatrice*”, sous la plume d'Henri Bergson, comme à notre intention.

Pour un franc-maçon, réussir sa mutation c'est devenir plus grand d'une dimension intérieure, c'est “en outre passer” de l'autre côté du voile, celui-là dont on prend si souvent l’ensemble des plis pour la Vérité, ironise Nietzsche. Chacun, même le plus modeste en est le miroir morcelé. De même qu'un peu d'eau salée suffit à rendre compte de ce qu'est dans sa totalité l'océan, de même un tant soit peu de vérité suffit à rendre compte de ce qu'elle est dans sa totalité, la connaître en partie - serait-ce par son image - c'est la connaître Toute. La vérité du franc-maçon, c'est être, plutôt que de paraître, dans le silence des passions où l'Avoir n'est plus que contingence. C'est la transparence. C'est la conscience du Tout reconstitué à partir de son image éparpillée dans l'un, le deux et le multiple. Une fois de plus c'est rassembler ce qui est épars pour mieux être dans l'Unité et… pour mieux agir.

Depuis que l'infini intemporel s'est concrétisé dans l'Espace-Temps (le passé, le présent et l'avenir) mille générations se sont succédées. D'autres viendront, puis d'autres encore qui se survivront sur les traces supposées d'une certaine Parole perdue, jusqu'à ce que d'autres enfin soient un jour en mesure de l'épeler au nom de l'humanité oubliée toute entière. La vérité du juste c'est avec le secret de son âme, la parole retrouvée, après l'exil le revenir, plus belle que le Royaume, la royauté reconquise ! La vérité du dernier des justes, c'est au pays de Canaan, avec la Jérusalem promise, vie et mort dépassées, le sublime embrasement de la Lumière et de l'Amour.

Nous voici loin des aphorismes et des métaphores de tout à l'heure qui sont aux idées abstraites ce que les couleurs sont à la grisaille d'une image. Certitude que les hommes participent d'un tout, dont ils sont comme d'infinis doubles éparpillés dans l'histoire. Espoir d'en retrouver le secret perdu au terme d'un chemin qu'il nous faut choisir parmi d'innombrables, certes, dont l'ambition est égale de mener au sacré… au divin. La spiritualité, qui porte l'homme au faîte de la complexité, face à lui-même et à ses interrogations sans ne préjuger en rien de ce que doit être la réponse.

La connaissance initiatique qui relève le défi de la transcendance, du dépassement du soi, en ce qu'elle se réfère à des symboles librement acceptés et librement interprétés, à un rituel que les ans ont épargné de l'usure et de la lassitude, au non-dit d'une tradition plusieurs fois millénaire. Le tout à l'intérieur d'une loge, lieu géométrique et orienté où se vivent dans l'unité de lieu et en un seul temps réunis, la mémoire du passé, l'insaisissable réalité du présent et les promesses de l'avenir. L'amour cet océan des âmes et des cœurs où s'adoucissent les différences au point de nous confondre… sans nous perdre, nous distinguer… sans nous désunir, au sein de cet être mythique… “exponentiel” que nous appelons Egregore… La spiritualité, la connaissance initiatique, l'amour sont les trois chemins de la vérité que je vous propose d'emprunter aujourd'hui avec la certitude et l'espoir de ceux qui rêvent à nouveau d'infini et d'éternité.

A les évoquer il me vient soudain comme des senteurs mélangées d'acacia, de laurier et d'olivier – de mystère, de victoire et de paix – que beaucoup avec moi, j'en suis sûr, reconnaîtront aussi.

Le chemin de la spiritualité

L'aptitude à penser, à comprendre, à communiquer l'imagination, la mémoire, la créativité, la curiosité qui porte naturellement à s'interroger sur le pourquoi de sa condition, la volonté de devenir l'artisan “co-auteur” de son destin, sont avec la conscience que l'on a de Soi et la conscience du devoir autant de qualités propres à faire de l'homme ce qu'il y a de plus grand dans l'univers, selon Swamiji, le sage-gourou que cite très souvent Arnaud Desjardins. Nul ne sait exactement quand elles lui sont venues ni de qui il les tient. Mais ce que l'on sait de la spiritualité qui fait l'homme et la grandeur, c'est qu'elle est ce par quoi les sociétés, les civilisations blessées ou finissantes mais comptables de leurs œuvres se préservent de l'oubli. Et pas un que je sache qui ne puisse jamais entendre dire : “J'ai soif”

“La vraie valeur de l'homme se définit en examinant dans quelles mesures et dans quel sens il est parvenu à se libérer du moi”, écrivait Albert Einstein.

Toute victoire remportée sur ses passions, ses instincts, ses contradictions et conflits internes, ses peurs, ses angoisses… sur ses préjugés, ses habitudes… est une victoire remportée sur son ego. Chaque pas qui l'en éloigne rapproche l'Etre de sa libération, dans l'unité recouvrée. Que peut-on espérer, en effet de profond et de durable, s'il n'est pas mis fin d'abord, à l'aliénation de l'être, contraint aux exigences d'un ego abusif, opaque à tout regard sur l'invisible dedans ? Ce n'est qu'en triomphant de son propre mental, dont il est l'otage naturel, que l'homme sera en mesure de créer les conditions d'une authentique liberté intérieure, prélude à l'unité de l'être, en mal d'absolu.

L'occident a longtemps vécu avec cette idée que rien ne s'opposait davantage que la matière et l'esprit. Aujourd'hui, on ne craint plus de les regarder comme deux apparences manifestées d'un seul et même Tout indivisible, comme l'avers et le revers d'une même réalité. Sur un autre registre, les données les plus actuelles de la Science nous le confirment : la pensée est inséparable de son support biologique. Les frontières entre les différentes disciplines de la "cognition" – comme on les nomme maintenant – sont en train de tomber une à une. Quand je vous le disais que les philosophes et les savants étaient condamnés à se réconcilier sur l'autel de la vérité ! ! !

Il y a un peu plus d'un demi-siècle, un mathématicien Londonien, James Jeans (1877-1946)… Sir James Jeans, l'homme de la relativité et des quantas de son époque, faisait cette constatation… devant un autre auditoire il est vrai : "aujourd'hui on s'accorde assez généralement à reconnaître que la connaissance nous mène vers une réalité non mécanique, l'univers commence à ressembler plus à une grande pensée qu'à une grande machine". Voilà qui nous paraît à ce jour bien timide, bien en deçà de ce que les neuroscientifiques nous disent savoir de la pensée, du cerveau et de son fonctionnement. Mais qui était néanmoins de nature à rassurer, en son temps, Henri Bergson (1859-1941) inquiet pour l'humanité de voir se développer une mécanique sans mystique, un monde déshumanisé, un monde de mécaniciens et de robots qui n'auraient plus rien à connaître de la spiritualité. Ce même Henri Bergson qui heureusement d'un autre côté, ne désespérait pas que l'univers devint un jour "une machine à faire des Dieux".

En attendant, se déroule un fil invisible du souvenir qui relie la pensée des hommes au mystère originel. Une tradition, plus vieille que le monde, nous parvient d'un inaccessible ailleurs riche de tous ses messages éternels, pour nous parler de certitude, de vérité et de paix mais aussi de fraternité, d'amour et d'alliance ! Une tradition de l'esprit, dont on chuchote entre initiés, que serait fait le sang des Prophètes. Ainsi se perpétue la grande loi universelle de la vie quand meurent les prophètes et que meurent aussi les apôtres, les sages et les messies sans qu'un seul instant ce qui est, ne cesse d'Etre ce qui est.

Le chemin de la connaissance

L'Homme et l'Univers – beaucoup aiment à le croire – se répondent indéfiniment l'un à l'autre, telle une figurine miniaturisée indéfiniment à son modèle leurs destins se rejoignent dans une même et vaste perspective de l'inachevé, dont nous guettons en vain les signes qui diraient le sens des choses, le sens de la vie. La connaissance que l'on tient habituellement de l'observation, de l'expérience, des sensations… du raisonnement semble impuissante malgré ses promesses à nous le donner. Celle qui s'inspire de la croyance en un Dieu semble l'être tout autant, que la foi s'appuie sur la raison, comme pour Thomas, d'Aquin (1225-1274) ou qu'elle en soit le fondement comme pour René Descartes (1596-1659).

D'où le besoin de se référer à une autre approche du Réel que le savoir encyclopédique ou le savoir révélé et qui serait en clair l'expression d'une recherche engagée à partir du sentiment plus ou moins obscur que l'on a de sa propre réalité. Ni introspection, ni analyse – plutôt intuition partagée – la connaissance de soi ou "du soi" que l'on qualifie d'initiatique a précisément pour projet de découvrir ce que nous cache le voile des apparences. De tous les mécanismes de la connaissance, seule la démarche initiatique – affirmait Socrate (470-399 Avant J.-C.) – est susceptible d'amener l'homme des apparences à la conscience de ce qu'il est puis l'homme ainsi mis à nu à l'intelligence de la Vérité. "Connais-toi, toi-même, tu connaîtras l'univers et tous les Dieux" se plaît-on à conjuguer sur tous les modes, depuis que les Anciens de Delphes l'ont buriné pour la postérité au fronton de leur Temple.

O Dieu, "Noverim me, noverim te", s'écriait en d'autre siècle et en d'autre lieu, l'évêque d'Hippone, St-Augustin (354-430) à l'adresse du Ciel : O Dieu "Si je me connaissais, je te connaîtrais ! Souvenez-vous de cette *Table d'émeraude* que l'on prétend inspirée par le père légendaire des Sciences Occultes, Hermes Trismégiste. Chacun peut y lire, inaltérable au temps et à l'espace : "Il est vrai, hors de doute, certain, authentique que le supérieur vient de l'inférieur et l'inférieur du supérieur".

Souvenez-vous également du : "Que Dieu soit Dieu j'en suis une cause" exprimé en plein Moyen âge par un dominicain allemand Johann Eckhart dit Maître Eckhart (1260-1327) dont le mysticisme spéculatif lui valut d'être condamné par l'Eglise de son temps.

Souvenez-vous enfin de Raphaël le peintre favori de Rome et de son fameux tableau de l'Ecole d'Athènes. Dans sa partie centrale Platon (428-348 avant J.-C.) pointe son index droit vers le Ciel, Aristote (384-392 avant J.-C.) pointe le sien vers la Terre, sous le regard d'Apollon et de Minerve, la Lumière et l'intelligence.

Chacun y exprime sa vérité :

- le premier : celle du monde sensible où les idées sont immuables et où tout n'est que réminiscence,

- le deuxième : celle d'une nature où rien ne se fait en vain, où tout, au contraire s'organise en vue de son équilibre et de sa perfection.

Ensemble Platon, l'académicien Aristote… le péripatéticien, l'image même de cette unicité par quoi tout est relié :

Le ciel et la terre
L'esprit et la matière
L'idéalisme et la finalité
L'abstrait et le concret
… le spéculatif et l'opératif.

Platon avait raison ! Aristote avait raison ! Socrate avait raison ! Ils ont tous raison ! Les moines bouddhistes, aussi à leur manière, à chaque seconde la vérité qu'ils vivent "ici et maintenant", dans leurs ashrams ou au dehors, à travers leur acceptation réaliste et lucide de ce qui Est, comme si chaque instant qui passe devait à lui seul contenir toute l'éternité !

A ceux qui s'inquiéteraient encore de leur liberté ou qu'elle ne soit tronquée, je dirai qu'ils possèdent en eux, nulle part ailleurs qu'en eux, avec la volonté initiatique sinon la clef du moins une des clefs de leur libération. Pour quelques uns, quelques uns seulement, Elus parmi les Elus, le voile de la déesse Maya s'entrouvrira sur la Réalité dernière, célébrant l'unique mais décisive communion de la matière et de l'esprit, de la connaissance et de la vérité devenus du coup indissociables – cercle puis spirale – dans cette course commune pour l'éternité.

Tout ceci étant acquis, que vaudraient, je vous le demande, toute la spiritualité du monde, toute la connaissance initiatique du monde si elles n'étaient pas en même temps une école de tolérance, de générosité, de fraternité, d'égalité, de liberté, si elles n'étaient pas en même temps une école d'amour. Antoine de Saint Exupery l'a écrit bien avant que je vous le propose : "L'intelligence ne vaut qu'au service de l'amour".

Le chemin de l'amour

Que vous dire sur l'amour qui n'ait déjà été dit, redit ou écrit ! Courtisé, chanté ou pleuré par le poète, l'amour est omniprésent comme une bonne conscience dans les propos, les intentions ainsi que dans les esprits, beaucoup moins, hélas dans les faits, les actes et dans les cœurs. Que sa formulation soit heureuse ou maladroite, mièvre ou passionnée, par lui semble vouloir s'exprimer l'angoisse de la solitude, que les générations d'êtres humains se transmettent avec une égale constance, depuis la “séparation-châtiment” dont parle le Livre du commencement de l'Histoire. S'il est de sa destinée que l'homme doive retrouver ce qu'il a en lui de divin c'est grâce à l'amour de ses semblables qu'il le retrouvera. Avec l'amour, le deux et le multiple profanes se sacraliseront à leur tour dans l'unité reconstituée de l'homme universel.

L'amour dont je veux vous parler est en effet le prolongement naturel de cette idée maintes fois reprise ici que chaque être humain est l'image réduite d'un tout, à l'intégrité duquel son intégrité est liée. A condition d'en accepter les prémices et de les dépasser, l'amour pour autrui devient l'amour pour l'humanité qui n'est autre en définitive que l'amour pour la vie. “Celui qui sauve une seule vie, dit le Talmud est comme s'il avait sauvé le monde entier”. “Celui qui détruit une seule vie dit le Talmud, est comme s'il avait détruit le monde entier”.

Auguste Comte (1798-1857), le plus mystique des “positivistes” qui ne connaissait qu'un seul culte, le culte de l'humanité est à l'origine d'une formule lapidaire maintenant célèbre : “L'amour pour principe, l'ordre pour base, le progrès pour but” ! En réalité il est désormais bien établi que tout ne peut s'expliquer par l'ordre, que tout ne peut s'expliquer non plus par le désordre, l'un et l'autre intervenant pour une part dans l'évolution de l'Humanité et de son progrès.

Les Edgar Morin et les Ilya Prigogine d'aujourd'hui partagent avec les tenants de la philosophie paradoxale à quelques siècles de distance – ce même avis que l'harmonie peut procéder du choc des contraires. Il en va de l'amour comme de l'humanité et de l'harmonie des choses, en ce qu'il peut procéder du choc des passions et les transcender ensuite au nom d'un Ordre Supérieur, le même qui rejoint la conception que certains se font du sacré et du divin.

L'amour dont je veux encore vous parler va bien au-delà d'une simple relation affective, où se bousculent contradictoires tant d'émotions. Il doit être compris aussi comme un art de mieux vivre sa condition d'être humain, d'être social que nous sommes devenus d'instinct et par nécessité au gré d'un processus toujours recommencé. Et parce qu'il est un Art de vivre, misant sur la connaissance dépassée du soi par la reconnaissance de l'autre, l'amour a ses exigences et ses lois : Aimer et ne pas s'accepter, d'abord tel qu'en soi-même, n'est pas aimer ! Aimer et contester en même temps le droit à la différence, Aimer sans même percevoir que tous nous ne faisons qu'un, Aimer et se laisser prendre indéfiniment aux paillettes des apparences, n'est pas aimer ! Alors, qu'est-ce que le verbe aimer ? Qu'est-ce que l'amour quand il se veut être le sel de la vie, le sel de l'humanité ?

Aimer, c'est le dire avec des mots et des gestes, certes, mais c'est avant tout aider l'autre à devenir, progresser et s'accomplir quelles que soient sa nationalité, sa race, sa couleur de peau ou sa croyance. L'amour c'est la tolérance !

Aimer, c'est offrir aussi le superflu, quelquefois même un peu plus que le superflu. “Donner le lait et aussi le miel” sans ne rien espérer – au mieux – que le sourire de la douceur, reçue. L'amour, c'est le don de soi, dans son avoir et dans son être, l'amour c'est la générosité !

Aimer c'est accueillir “l'Etranger” comme on accueillerait son propre frère, de sang ou de cœur, puisqu'il est écrit que nous l'avons tous été autrefois étrangers sur la terre d'Egypte. Aimer c'est poser le même regard sur les nantis et sur les pauvres, sur ses amis et… sur les autres comme le recommandait l'Ancien Testament au peuple Juif pour l'ennemi héréditaire, l'Egyptien et l'Edomite. L'amour c'est par dessus les clivages, les oppositions, les barrières et… les murs : la **Fraternité universelle.**

Aimer c'est considérer l'autre comme étant un autre soi-même. C'est apprendre à le connaître, avec son âme, avec son cœur, au-delà des apparences, jusqu'au noyau du Soi où se réalise l'identification et… à s'y reconnaître. La Bible le dit à chacune de ses pages : l'amour c'est l'égalité !

Aimer c'est refuser la servitude, quelle qu'en soit la forme prise, c'est refuser la violence, la souffrance, la torture, survivance d'un passé barbare indigne du genre humain, c'est refuser l'insoutenable faim dans le monde, les inégalités, les injustices, ainsi que tous les mécanismes d'exclusion, l'amour c'est la liberté dans l'affirmation inconditionnelle des droits de l'Homme et du citoyen… pour tous.

Si l'Amour c'est la tolérance, la générosité, la fraternité, l'égalité, la liberté… Lequel d'entre vous douterait encore que l'amour ne fût à lui seul la vérité !

*
* *

Comment m'y prendre pour conclure quand tout porte à croire que la recherche de la vérité est appelée à durer ce que dureront les Hommes ? "Suspendre la marche, retenir l'impulsion" est une vieille revendication de poète, si admirablement exprimée par Levi Strauss dans les dernières lignes de "*Tristes Tropiques*".

Comment m'y prendre pour arrêter avec vous ne serait-ce qu'une poussière de temps les aiguilles fugitives de l'éternité ? Avec la spiritualité et l'ascèse initiatique les hommes prennent pleinement conscience de leur verticalité et de ce qu'ils sont capables de transcendant dès que de surcroît elles sont initiatrices de Sens.

Ecrire avec l'encre de sa vie l'histoire puis participer – toutes les encres mêlées – à l'accomplissement de son devenir ! Rassembler ce qui est épars, pour que de la sommation syncrétique des idées et des talents, des connaissances, des intuitions et… des émotions, sorte d'intelligibilité du monde et que s'ouvre grand le merveilleux Livre de la Vie. Rassembler ce qui est épars, pour que dans un monde intelligible où l'un, le multiple et le tout se confondent, nous soit enfin dévoilé ce qui de l'absolu fût autrefois perdu !

Parce que sa découverte est notre meilleure chance d'une "autre chose" et d'un "ailleurs", que sans cette ouverture d'espoir tout ne serait que" chimère et la vie… un abus de conscience, parce que, sous des masques, différents, elle est une et indivise, immuable et absolue, parce que, de ce fait, elle s'identifie à l'unité première, et qu'à son tour, elle s'épanouit, dans la liberté, la tolérance, et l'amour, la vérité est porteuse du sens dont l'homme est à son insu dépositaire à défaut d'être l'initiateur qu'il est censé redevenir un jour. Aussi vrai que la tradition initiatique est censée nous rapprocher du sacré.

Apprenons donc à vivre avec l'angoisse puisque de toute évidence elle est inscrite à l'intérieur de chacune de nos cellules. "Quand on veut comprendre l'angoisse, il manque toujours quelque chose", soupirait Freud. Plutôt que de la subir du fond d'un inconscient révolté, apprenons à nous en servir au mieux dans notre quête du Graal – comme ferment de notre Transcendant – jusqu'à ce que des ténèbres soumises pointe enfin le crépuscule, et du crépuscule naissant la lumière du grand jour !

Vous qui cherchez à savoir le pourquoi des choses, le sens de la vie, tant que la splendeur de "l'autre" nous sera dérobée, sachez que rien ne nous est connu, rien ne nous est donné, qui ne passe d'abord par l'homme. La vérité du dehors n'est jamais que la Vérité du dedans ! Sans doute est-ce la raison pour laquelle un sage Brahmane prétend que "tout est souffrance" là où il n'y a que mystère.

Si croire en Dieu, c'est croire en une vie de justice, d'égalité et d'amour, si rencontrer Dieu c'est rencontrer l'Homme dans ce je ne sais quoi qui le fait plus grand, plus beau, meilleur qu'il ne paraît, si, au bout du compte, c'est se réconcilier avec soi-même, la résolution de ses propres conflits obtenue dans l'harmonie d'un ordre intérieur… que risque-t-on de son âme à convenir que l'on croit en Dieu.

Qui refuserait l'Idée d'un grand principe universel désanthropomorphisé – je dis bien désanthropomorphisé – gage d'unité, d'ordre et de progrès, que l'on pourrait faire sienne sans préalable ni renoncement, sans ne rien compromettre de ce que l'on Est ? Les anciens l'avaient pressenti dans l'harmonie de la nature ! Et quand ils ont voulu le dire ils ont parlé de l'eau, de l'air, de la terre et du feu, jusqu'à ce que les pythagoriciens découvrent à leur tour le Logos et le disent avec le Nombre. Si de notre côté, histoire de réinventer l'Histoire, nous décidions ensemble de lui donner ce soir le nom de Grand Architecte de l'Univers !

* * *

Apprenons donc à vivre avec l'angoisse puisque de toute évidence elle est inscrite à l'intérieur de chacune de nos cellules. "Quand on veut comprendre l'angoisse, il manque toujours quelque chose", soupirait Freud. Plutôt que de la subir du fond d'un inconscient révolté, apprenons à nous en servir au mieux dans notre quête du Graal – comme ferment de notre transcendant – jusqu'à ce que des ténèbres soumises pointe enfin le crépuscule, et du crépuscule naissant la lumière du grand-jour !

A la croisée des chemins, lequel des deux choisir, lequel choisissez-vous ? Le chemin de la certitude ou le chemin du doute ? Le repos éternel du juste, refermant sur ses passions pour toujours assouvies l'ultime page du Livre ou bien, cette merveilleuse envie folle de continuer vers l'inconnu jusqu'aux repères invisibles mais éblouissants de **votre vérité.**

Georges Komar

Jean-Louis MANDINAUD

Né en 1928, Jean Louis Mandinaud a été Vice-Président du Conseil Economique et Social. Initié en 1975 à la Respectable Loge n° 454 "Esperanto", à l'Orient de Paris, il a été Grand Maître de la Grande Loge de France de juin 1993 à juin 1995.

LA FRANC-MAÇONNERIE, UN ORDRE INITIATIQUE DANS UNE SOCIÉTÉ DÉMOCRATIQUE

Paru dans PVI N° 98 - 1995

Après un préambule où il démystifie la Franc-maçonnerie qui – en dépit de quelques fantasmes encore entretenus – n'est ni une société secrète, ni une officine crypto-politique, ni un bric à brac mystique, Jean-Louis Mandinaud rappelle un des caractères essentiels de l'engagement maçonnique qui est à la fois initiatique et citoyen, ce qui fait sans nul doute sa profonde originalité.

Car l'initiation en effet vise, à la fois, à faire accéder l'être humain à une dimension de lui-même qui échappe à la seule approche rationnelle, quantifiable ou intellectuelle et à lui donner une méthode pour se perfectionner et contribuer ainsi en tant que citoyen, même modestement, à l'amélioration de la condition de l'humanité

Il s'agit, comme le dit Jean Louis Mandinaud, de passer de la fraternité proclamée et revendiquée par la démarche initiatique à la fraternité concrète et active "à réaliser avec exigence".

Après une évocation de la lettre de la Tradition et de son esprit, explicitée comme nécessité de revenir aux sources "de la puissance créatrice" originelle, il rappelle l'exigence pour chaque Franc-Maçons de la Grande Loge de France de respecter et pratiquer la règle qu'il s'est donnée au moment de l'initiation.

Si les Frères de la Grande Loge de France sont les héritiers d'une Tradition "qui n'est pas nostalgie du passé", ils se doivent aussi de la respecter pour en être les "transmetteurs", car la Tradition doit rester une source vivante d'inspiration, de réflexion et d'action.

Lorsque Jean-Louis Mandinaud affirme que pour les Franc-Maçons l'esprit transcende la matière – sans en nier bien entendu le principe et l'évidence – la notion de transcendance renvoie à cette dimension spirituelle de l'Homme qui récuse le discours d'un matérialisme neurobiologiste réduisant l'être humain à la chimie de ses composants pour le mesurer à la seule vitesse de connexion de ses neurones.

Mettant l'accent sur l'exigence de non engagement politicien de la Grande Loge de France, il insiste en revanche sur la nécessité d'engagement citoyen de ses membres en faveur des valeurs d'humanité et de respect de tous les êtres humains, quelles que soient leurs origines ethniques ou culturelles, et leurs convictions philosophiques ou religieuses.

La position de la Grande Loge de France en ce domaine, illustrée de façon continue par les Grands Maîtres qui se sont succédés, consiste pour l'obédience non pas en une revendication politique – dont chaque membre de la Grande Loge de France reste libre en tant que citoyen et auquel chacun reconnaît bien entendu sa légitimité en son domaine – mais dans l'affirmation et la défense des valeurs humanistes et spirituelles qui fondent leur démarche.

Il ne s'agit donc pas de participer aux joutes politiciennes ni de donner des consignes de vote mais de donner “sens aux mots-symboles et force aux valeurs morales”.

Confronté comme ses contemporains à la perte des repères moraux et à la crise des idéaux démocratiques, conscient des insuffisances d'un scientisme dogmatique qui, revendiquant à juste raison d'exceptionnelles réussites veut néanmoins dissimuler ses carences, Jean-Louis Mandinaud affirme, en tant que Franc-Maçons, un refus sans concession des intégrismes politiques et religieux, doublé par la promotion de l'idée et de l’intérêt du dialogue avec les autorités morales et spirituelles respectueuses des principes d’humanité – dialogue auquel il a comme d’autres avant ou après lui, contribué (voir le texte de l’ancien Grand Maître Pierre Simon à ce sujet) –.

Avant de terminer Jean-Louis Mandinaud rappelle, à toutes fins utiles, que les loges maçonniques ne sont en aucun cas des refuges ni des cocons douillets où de beaux esprits viendraient échanger des propos distingués sur la marche du monde, mais qu'elles sont des lieux de travail initiatique, personnel et collectif, où le dynamisme, l'énergie, les connaissances et les contradictions de chacun et de tous doivent être utilisés et éventuellement transcendés par le souci constant de la fraternité.

A. G.

La Franc-maçonnerie, un Ordre Initiatique dans une Société Démocratique*

A partir de l'intitulé de cette conférence, il convient de préciser les termes qui le composent et de les situer dans l'esprit et la lettre des premiers paragraphes de la Constitution de la Grande Loge de France, historiquement la plus ancienne obédience maçonnique française héritière de l'écossisme ou franc-maçonnerie écossaise, et présentement la seconde obédience française par le nombre de frères et de loges.

La Constitution de la Grande Loge de France proclame, aujourd'hui, encore : “La franc-maçonnerie est un ordre initiatique. traditionnel et universel fondé sur la fraternité. La franc-maçonnerie a pour but le perfectionnement de l'humanité. A cet effet, les francs-maçons travaillent à l'amélioration constante de la condition humaine, tant sur le plan spirituel et intellectuel que sur le plan du bien-être matériel”.

J'entends le terme “ordre” dans le sens que lui donne Lalande dans son *Vocabulaire philosophique* : “ordre” : l'une des idées fondamentales de l'intelligence. Elle comprend, dans son sens le plus général, les déterminations temporelles, spatiales, numériques ; les séries, les correspondances, les lois, les causes, les fins, les genres et les espèces ; l'organisation sociale ; les normes morales, juridiques, esthétiques, etc.

Je n'exclus pas les analogies avec ce qui fonde et anime les ordres

---

* Conférence prononcée dans le cadre du “Cercle Condorcet-Brossolette”.

religieux dans leur organisation et leurs méthodes de recherche spirituelle et temporelle. Le qualificatif d'initiatique accolé au mot ordre est une de ces analogies à travers la définition coutumière : initiatique ; de l'action d'initier, c'est-à-dire d'admettre à la connaissance et à la participation à certains cultes et rites ou d'admission aux mystères de ceux-ci. C'est précisément, dans ce sens, qu'il faut prendre présentement le terme d'initiatique : dans cette conception d'admission à la connaissance d'un savoir ésotérique, parfois difficile d'accès sans une approche progressive par une instruction donnée par l'initié à l'initiable.

C'est ainsi qu'il faut plus considérer l'initiation maçonnique que comme une mystagogie inquiétante faisant davantage référence à la ténèbre d'un pseudo secret qu'à la lumière de la connaissance.

Mais poursuivons l'analyse de l'intitulé avec le terme de société. C'est dans son sens littéral latin qu'il est pris : de socius, compagnon, associé, allié ; dans sa définition de relations entre des personnes qui ont, ou qui mettent en commun quelque chose. Il ne s'agit donc point, pour la Grande Loge de France, de constituer une société dite secrète comme, hélas, de très sérieux dictionnaires et ouvrages divers donnent encore, en exemple : sociétés secrètes, associations qui poursuivent en secret des menées subversives, voire : franc-maçonnerie, carbonarisme, mafia, etc. Alors qu'il s'agit, plus authentiquement, d'une société dans sa définition de fondation telle qu'énoncée dans les anciennes obligations de constitution des “maçons francs et acceptés “dans sa première édition du 25 mars 1722 et qui proclament : “Ainsi la maçonnerie devient le centre d'union et le moyen de nouer une véritable amitié parmi les personnes qui eussent dû demeurer perpétuellement éloignées”. Ces personnes qui sont qualifiées quelques lignes avant comme : “Hommes bons et loyaux, hommes d'honneur et de probité”.

*
* *

Voici donc, mes sœurs, mes frères, ce qui est en réalité la société maçonnique, en dépit des idées reçues et toujours entretenues. Si je qualifie cette société de démocratique, c'est parce qu'elle est constituée dans le cadre de la loi de 1901 et qu'elle en respecte scrupuleusement l'esprit et la lettre. Et si elle emploie des termes comme Grande Loge au lieu d'association, de Convent au lieu d'assemblée générale, de Grand Maître au lieu de Président, c'est par respect d'une tradition fondatrice notamment dans le langage, comme cela est d'ailleurs le cas pour d'autres associations à caractère profane ou religieux.

Ces préliminaires m'ont paru nécessaires d'être apportés afin de mieux vous situer, qu'étant ce qu'elle est, en elle-même et dans le concert maçonnique national et universel, comment la Grande Loge de France met en pratique sa double mission de travail : au perfectionnement de la personne et de ses adeptes ; au perfectionnement de l'humanité et à l'amélioration constante de la condition humaine.

La Grande Loge de France étant, à la fois : un Ordre initiatique et une société démocratique dans son existence propre ; un Ordre initiatique dans une société démocratique par sa présence dans le monde, c'est donc, de passerelles en passerelles que nous irons, tout au long de cette conférence, d'un monde à l'autre, du spirituel au temporel.

Le grand public, que nous appelons aussi, le monde profane a de la franc-maçonnerie une image marquée – je le rappelais il y a quelques instants – par des clichés issus d'idées reçues et qui ont la vie dure non seulement dans la mémoire collective mais aussi dans l'appréhension présente de l'existence et du rôle de la franc-maçonnerie dans le monde contemporain.

Certains considèrent nos Loges comme de gris conservatoires de mœurs d'un autre âge, où viendraient se réfugier – en rasant les murs – ceux que le monde moderne et sa civilisation technicienne déçoivent, inquiètent, effrayent. Ou bien encore comme un musée poussiéreux d'une forme désuète de la pensée spiritualiste et humaniste, d'une catégorie d'intellectuels oscillant entre un conservatisme mou et utopiste prudent, prenant les mots pour des idées, et les idées pour des actes – je tiens à préciser immédiatement qu'il arrive que les intellectuels soient des gens intelligents – si ce n'est pas une loi, ce peut être une heureuse coïncidence !

D'autres encore regardent, avec méfiance voire hostilité, ces loges maçonniques, sortes de sectes où des élucubrateurs à tendance magico-mystiques prépareraient “un nouvel âge de l'Homme et de la Société”, ou bien ourdiraient quelques complots pour préparer une révolution comme cela fut, paraît-il, le cas avant 1789 ; comme cela n'a jamais été démontré par les historiens sérieux de diverses écoles quelquefois opposées.

Mais, s'il en est ainsi, la faute n'en revient-elle pas, en partie, à la franc-maçonnerie qui n'a pas su, pas voulu, peut-être pas pu, utiliser les moyens modernes de communication vis-à-vis du grand public et qui a ainsi contribué au maintien, au renforcement de cette image trouble, désuète, inquiétante, qui marque encore trop la franc-maçonnerie ?

Cependant les temps changent et les choses évoluent. L'ensemble des obédiences maçonniques françaises ont pris connaissance de l'importance, dans la société d'aujourd'hui, d'être présent et de montrer ce que l'on est, ce que l'on pense, ce que l'on fait.

Pour sa part, la Grande Loge de France, depuis quelques lustres déjà, a décidé de s'exprimer en public – sur elle-même – et de faire connaître sa pensée sur les grands problèmes de société, parce qu'ils engagent le devenir de l'homme et l'avenir de l'humanité. En faisant cela, la Grande Loge de France estime qu'elle ne fait que mettre en pratique, au quotidien, son but initial que j'évoquais tout à l'heure : "travailler au perfectionnement de l'humanité et à l'amélioration constante de la condition humaine". Passer d'une fraternité facile à proclamer à une fraternité à réaliser avec exigence.

C'est donc bien dans le temps présent, au milieu des hommes et des femmes de son époque que la Grande Loge de France entend se situer dans l'authentique respect de sa tradition – qui n'est pas nostalgie du passé mais fidélité à l'attitude constante de ses anciens qui surent – l'Histoire nous l'enseigne éloquemment – être de leur temps.

C'est par respect et reconnaissance envers ceux qui bâtirent la franc-maçonnerie dite spéculative ou moderne et qui surent préparer l'avenir que nous vivons aujourd'hui, que la Grande Loge de France entend continuer dans le monde, l'œuvre commencée dans le temple.

Pour un franc-maçon, le moment le plus important, le plus décisif, c'est sa nouvelle naissance, le jour de son initiation. C'est une naissance voulue, vécue, qui suit la mort du vieil homme. C'est une re-naissance symbolique qui lui donne le pouvoir d'assumer le passé, de vivre le présent, d'envisager l'avenir. Ce vécu initiatique qui va se poursuivre au fur et à mesure de la progression de l'initié sur son chemin de la recherche de la connaissance et de la vérité constitue, à chaque étape-degré du Rite Ecossais Ancien et Accepté, un point de jonction et de réflexion privilégié entre le ponctuel et l'éternel.

Dans ses célèbres pensées : Pascal dit : "Nous ne nous tenons jamais au temps présent. Nous anticipons l'avenir comme trop lent à venir, comme pour hâter son cours, ou, nous rappelons le passé pour l'arrêter comme trop prompt… C'est que le présent, d'ordinaire, nous blesse. Nous le cachons à notre vue, parce qu'il nous afflige ; et s'il nous est agréable, nous regrettons de le voir échapper… Que chacun examine ses pensées, il les trouvera toutes occupées au passé et à l'avenir. Nous ne pensons presque point au présent et si nous y pensons, ce n'est que pour en prendre la lumière pour disposer de l'avenir. Le présent n'est jamais notre fin. Ainsi, nous ne vivons jamais, mais nous espérons vivre ; et nous disposant à être heureux, il est inévitable que nous ne le soyons jamais".

Il est bon, de temps à autre, de relire les grands textes philosophiques mais, pour le franc-maçon, ce ne sont que des références, des outils de l'esprit pour construire sa propre pensée, et celle-ci ne prend sa réelle valeur que dans la confrontation avec d'autres, afin d'essayer de parvenir à une pensée collective qui puisse s'épanouir dans une action commune !

*
* *

Mon prédécesseur à la Grande Maîtrise de la Grande Loge de France appelait les francs-maçons à une "conversion du regard", à partir de notre héritage culturel occidental d'Athènes, Rome, Jérusalem et en nous situant entre "Saint Jean et la République".

Formules lumineuses d'un brillant philosophe, penseur et réalisateur, à qui la Grande Loge de France comme la franc-maçonnerie française doit beaucoup. Moi qui ne suis qu'un Candide en philosophie, j'ai retenu la leçon et m'efforce de la mettre en application : *La conversion du regard* implique l'ouverture d'esprit par le dialogue loyal et courageux avec toutes les forces spirituelles qui font de l'homme l'alpha et l'oméga de la création.

Je crois que cela impose un aggiornamento – qui signifie une mise à jour – de l'ordre initiatique Grande Loge de France, constructeur de la personne maçonnique, et de la société démocratique Grande Loge de France, apport constructeur de la cité et du citoyen.

M'inspirant d'un ouvrage de Pierre Miquel, Abbé de Ligugé, dans ce qu'il appelle dans un chapitre : "La vivante tradition" – traitant de l'effort d'aggiornamento des Ordres monastiques – je transpose, sans confondre, par ces passerelles analogiques et parfois paradoxales que j'évoquais au début de mes propos.

La franc-maçonnerie en général, la Grande Loge de France en particulier, doit – dans la fidélité à sa tradition, dans son rôle dans le temps présent, dans sa vision de l'avenir du monde et de l'humanité – oser un aggiornamento :

. dans le domaine de l'organisation de sa propre société démocratique associative :

- maîtriser l'évolution de ses structures devant les entrées de plus en plus nombreuses de nouveaux frères et la création de nouvelles loges ;

- resituer sa place, son rôle, son action dans le concert européen, mondial de la franc-maçonnerie ;

- redynamiser sa tradition philanthropique pas seulement pour les siens, mais pour l'ensemble de ceux qui ont besoin, à un moment de leur vie, d'une manifestation de solidarité, forme concrète de la fraternité.

. dans le domaine du fonctionnement démocratique comme de la transmission initiatique, se dire :

- ce n'est pas parce que c'est ancien que c'est bien ;
- ce n'est pas parce que c'est nouveau que c'est bien ;
- ce n'est pas parce que ça s'est toujours fait que c'est raisonnable ;
- avant de changer ce qui existe, il faut savoir ce que l'on veut faire ;
- avant de supprimer ce qui existe, il faut voir s'il n'y a pas espoir de l'améliorer ;
- avant de détruire ce qui existe, il faut se demander pourquoi cela existait, par exemple dans quel but, tel usage, avait été institué.

Cette démarche dans le raisonnement est à appliquer particulièrement :

Sur l'esprit et la lettre. Sans doute la lettre tue quand elle empêche l'esprit de vivre, mais elle peut, elle doit normalement empêcher l'esprit de mourir. On dit que “la lettre est le fourreau du glaive acéré de l'esprit”. Avant de supprimer la lettre, on doit donc se demander si elle ne protège pas l'esprit.

Sur le retour aux sources. Il convient de préciser à propos de cette expression fondamentale – si souvent utilisée pour ne plus aller de l'avant dans le domaine de la lettre et de l'esprit – que le franc-maçon ne vient pas en loge pour y prendre ses “ordres”, mais pour y retrouver ses “sources”. Car l'expression elle-même est équivoque : un simple retour aux sources sans tenir compte du fleuve, c'est-à-dire des apports séculaires, risque d'être une évolution régressive. La sélection est difficile à faire entre ce qui peut être assuré et ce qui doit être rejeté.

C'est Newton qui souligne l'ambiguïté du “retour aux sources” : “On dit quelquefois que le fleuve est plus limpide près de sa source. L'image est belle, mais elle ne s'applique pas à l'histoire d'une philosophie ou d'une croyance ; celle-ci devient au contraire plus égale, plus dure, plus forte quand elle s'est creusée un lit profond, large et plein”.

Et ce texte du Père Chenu qui relève le caractère subversif de la mémoire : “Le rappel du passé, le retour aux sources est toujours un phénomène révolutionnaire puisque c'est un retour à la puissance créatrice. Et cela remet en cause toutes les superstructures qui se sont accumulées au cours des temps”.

A l'évidence, s'il faut changer, évoluer, que faut-il changer, pourquoi ? comment ? La réponse n'est pas évidente ! Et pourtant, conduire le changement, maîtriser l'évolution, c'est éviter que le changement ne s'impose de lui-même et que le train de l'évolution ne nous laisse sur le quai de la gare de l'Histoire où il ne repasse jamais deux fois.

C'est qu'elle vient de loin, la franc-maçonnerie : du Temple du Roi Salomon aux loges opératives des constructeurs blotties dans l'ombre des immenses chantiers des cathédrales, aux loges spéculatives du XVIIIe siècle reliant par l'Art Royal le travail manuel à l'intellectuel. De la confrérie des artistes de la pierre par le trait et la taille à l'institution fraternelle de la construction symbolique de l'Homme et de l'Humanité, que sera la franc-maçonnerie du 3ème millénaire ?

* * *

Permettez-moi de faire une légère digression qui vous paraîtra peut-être incongrue : la différence entre une œuvre d'art et une institution - la Grande Loge de France est l'une et l'autre - c'est que l'œuvre d'art ne peut être révisée ; elle porte la marque de son créateur et de son temps, et c'est par là même qu'elle est une œuvre d'art.

La Vénus trouvée à Arles et donnée à Louis XIV fut mise à la mode de son temps : on retoucha ses seins, ses hanches pour la rendre conforme au canon féminin de l'époque. Un moulage pris avant cette opération d'esthétique chirurgicale permet de faire la comparaison ! Ce fut là une opération proprement insensée ! Ce serait inversement une opération tout aussi insensée que de prétendre conserver telle quelle une institution qui ne se trouverait plus à l'aise dans son temps et qui, donc, exigerait une adaptation. Une adaptation aux circonstances de temps et de lieux.

Le franc-maçon a un sacro-saint respect de la règle, du rite (pour la Grande Loge de France, le Rite Ecossais Ancien et Accepté), mais il ne doit pas seulement considérer l'une et l'autre comme refuge, mais se dire, comme les Carmélites du Dialogue de Bernanos : “Ce n'est pas la règle qui nous garde, c'est nous qui gardons la règle” et, paraphrasant les Saintes Ecritures, ajoutons : “Ce n'est pas le franc-maçon qui est fait pour le rite, mais le rite pour le franc-maçon”. Mais le risque n'est-il pas de faire prévaloir ce qui convient à notre caprice sur ce qui était prévu pour notre édification ?

La question demeure posée : faut-il s'adapter à la règle, au rite ou adapter la règle, le rite ?

Quoiqu'il en soit, il faut avancer ; et avancer prudemment, c'est déjà avancer. C'est sur ce chemin, dans cet esprit que je propose, en tant que Grand Maître, à mes frères de la Grande Loge de France, d'aller plus avant… comme nos ancêtres compagnons opératifs voyageaient la France… voyageons l'Histoire dans l'espace connu et à découvrir, comme dans le temps raconté et celui à imaginer.

Il m'apparaît d'autant plus nécessaire que la franc-maçonnerie en général et la Grande Loge de France en particulier se mettent à l'écoute de leur temps, que notre société, notre civilisation entrent dans cette époque exceptionnelle du passage du crépuscule du soir d'un millénaire au crépuscule du matin d'un nouveau millénaire.

Nos contemporains, dans leur vie personnelle, leurs responsabilités professionnelles, leurs charges citoyennes, sont partagés entre la crainte enfouie en eux du syndrome du millénarisme et l'espoir rallumé d'une société enceinte des œuvres du progrès et des sciences et des techniques. Faut-il leur rappeler que pour la première fois depuis qu'il existe des hommes sur la terre, la société dans laquelle ils vivent, change plus vite qu'eux ?

Il y a plus de vingt ans, l'éminent préhistorien Henri Breuil observait: “L'humanité est tout juste en train de lâcher les dernières amarres qui la retiennent encore au néolithique”; se doutait-il que l'ultime séparation nous vaudrait de semblables douleurs? Car elle souffre, cette société, dans la chair des hommes – comme dans leur esprit –.

Ce siècle qui débuta dans l'espoir techniciste de la révolution industrielle et dans l'espérance scientiste de la libération rationaliste offre à ses enfants et petits enfants, en cette fin de siècle, le spectacle d'une société en perte de ses valeurs morales et en crise de ses idéaux démocratiques.

La franc-maçonnerie – la Grande Loge de France – ne peuvent pas n'être que spectateurs angoissés ou blasés, en voyant la cité s'enfoncer dans un avenir de métropolis et ses citoyens s'offrir aux démagogues qui connaissent l'art d'agiter le peuple avant de s'en servir, comme disait Talleyrand.

J'estime que nous ne pouvons rester insensibles et sans dire mot devant le climat délétère qui s'installe entre gouvernants et gouvernés, institutions politiques et éthique de société: le défoulement spontané ou suscité dans l'antiparlementarisme primaire porte en lui l'orage totalitaire. Rappelons-nous: “Les députés à la Seine” des années trente ont précédé les nazis sur les Champs-Elysées des années quarante.

Notre devoir de franc-maçon et de citoyen se confond, car ce sont nos valeurs communes de Liberté – Egalité – Fraternité qui peuvent se trouver menacées. La Grande Loge de France qui a pour devise ces trois mots si familiers, nous, francs-maçons, nous les déclinons en disant:

- C'est dans la liberté qu'il y a de l'ordre.
- C'est dans l'égalité qu'il y a de l'équité.
- C'est dans la fraternité qu'il y a de la solidarité.

Certes le désir d'ordre, de justice, de propreté des mœurs, notamment politiques, est louable en soi et souhaitable pour que notre société démocratique soit respectable et respectée dans l'Egalité de tous devant la loi; mais je ne peux m'empêcher de penser, devant les épris d'absolue pureté, à la Règle de Saint Benoît, en son chapitre LXIV. Le fondateur de l'ordre des Bénédictins rappelait, en son temps, à ses jeunes moines épris d'absolue pureté et qui ne pouvaient tolérer d'écarts entre ce qui devrait être et ce qui est:

“Votre exigence est légitime ; mais considérez qu'à vouloir trop racler la saleté ou la rouille du vase, on ne risque de le briser”.

Ce que je viens énoncer peut étonner, choquer. Ce n’est ni une approbation réservée, ni un refus nuancé. C'est un réflexe personnel inspiré par le bon sens commun qui estime que, parfois, le mieux est l'ennemi du bien.

A ce point de mon exposé, peut-être, mes sœurs, mes frères, approuvez-vous – en partie du moins – l'analyse, la thèse et l'antithèse qui alternent, mais en attendant la venue de la synthèse qui permettrait de descendre des hauteurs de l'idéalité sur le terrain des réalités, afin que vous n'en concluiez pas que le Grand Maître de la Grande Loge de France règne sur “une puissance de papier et un empire de parole” comme disait Sully dans ses mémoires.

Si synthèse il peut y avoir, il doit y avoir, elle ne peut être que maçonnique, car nous appliquons, par un système de conversion symbolique, l'usage des outils des bâtisseurs à la construction de notre pensée et à la mise en architecture par le tracé de nos projets d'une société tendant à l'idéal. Nous nous référençons, dans la marche du temps et le déroulement de l'Histoire, aux valeurs de toutes les traditions : ésotériques, religieuses, éthiques, philosophiques, politiques, sociologiques… des peuples et des nations depuis l'origine de l'humanité.

Cette conversion, par le symbolisme – de l’opératif au spéculatif – nous est en permanence rappelée par la trilogie unitaire des trois grandes lumières de la franc-maçonnerie écossaise : l'Equerre, le Compas, le Volume de la Loi Sacrée. Nous les utilisons en transposition pour nos constructions de raisonnement et nos réflexions intellectuelles, personnelles et collectives, dans la recherche – sans limite – de la vérité et au fur et à mesure de notre progression, degrés par degrés, vers la connaissance.

Sur l’existant et le devenir de l'homme, comme sur les problèmes de notre temps et ceux de la société dans lesquels se défait et se refait notre culture, peut-être n'utilisons-nous pas assez cette approche symbolique spécifique du franc-maçon constructeur. Et pourtant il me semble que là, notre méthode d'approche par l'analogie symboliste prend toute sa signification et son ampleur dans ce que nous appelons “le vaste domaine de la pensée et de l'action”.

L'équerre qui symbolise la tradition de ce qui a été et s'est fait, et qui soutient ce qui est et ce qui se fait : le passé-référence et le présent-action.

Le compas qui symbolise l'ouverture de l'esprit à partir du passé, du présent vers l'avenir, et la découverte de nouveaux horizons de l'intelligence humaine, le rapprochement dans l'expansion universelle de tous les savoirs des sciences et les prémices des nouvelles terres vierges de la pensée humaine.

Le Volume de la Loi Sacrée qui symbolise, dans l'interprétation de ses écritures, l'histoire de l'homme et de l'humanité dans le temps et l'espace depuis la création, et qui préfigure – toujours à partir des textes fondateurs – un possible devenir par l'espérance – synthèse du mythe et de la raison – et par l'espérance – eschatologie de la foi.

C'est avec cette méthode symbolique – spécifique à la franc-maçonnerie – que les loges de la Grande Loge de France ont travaillé pendant une année sur l'un des problèmes cruciaux de notre société moderne : la crise de l'emploi en traitant des sujets :

- le travail comme élément fondamental du symbolisme et de la tradition maçonnique.

- le travail comme droit fondamental de 1'homme et facteur de cohésion sociale de la cité.

C'est à partir des travaux de nos loges qu'un rapport de synthèse a été présenté et adopté en Tenue de Grande Loge de France en décembre dernier.

Le Grand Maître est donc en mesure aujourd'hui, de pouvoir, dans sa mission de porte-parole de la Grande Loge de France, faire connaître la pensée de l'Obédience sur ce thème du travail, pour la contribution maçonnique à la construction de la cité de l'an 2000. Je ne peux, dans le cadre de cette conférence, qu'en faire un résumé obligatoirement et presqu'abusivement simplificateur et dans une expression personnelle.

Il me semble donc que nous commençons seulement à nous apercevoir que la crise de l'emploi a pour cause fondamentale un changement irréversible de la nature même du travail. C'est la conséquence – non prévue dans son ampleur et sa rapidité – de la révolution bureautique – à la fois effet et cause – du triomphe des sciences et techniques de la communication planétaire et intersidérale : de Gutemberg à Marconi, de Mac Luhan à Norbert Wiener, les multiples applications de la cybernétique ont bouleversé les moyens de recherche, de production, de distribution, de traitement des fruits du travail.

Jamais les gains de productivité n'ont atteint de tels niveaux. A cela s'ajoute la complexité des phénomènes économiques et des échanges internationaux, des dispositifs stratégiques industriels et commerciaux des nations hautement développées. La domination économique et financière de certaines d'entre elles a conforté le poids politique et culturel au travers d'une expansion internationale de leurs réseaux d'influence et de présence.

Sans être outrageusement simplificateur, l'on peut dire que le travail-valeur est devenu travail-moyen, et que celui-ci est moins coûteux dans une économie de production et de consommation de masse. Et l'on peut dire, par constatation, que la perte de valeur intrinsèque du travail est due à la conception en presque totalité économique du produit du travail.

De là, faut-il en conclure : l'économique a-t-il vaincu le social ? Le travail n'est-il plus qu'un moyen de l'économisterie, son aspect social n'est-il plus considéré que comme un poids de charges dans la structure des prix dans un marché d'hyper concurrence ?

Quelle que soit la réponse – y en a-t-il une seule ? – il semble bien que le citoyen-consommateur, s'il y gagne quelque peu, le citoyen-travailleur y perd beaucoup, quelquefois tout : son emploi.

Il faut cependant se garder de n'apprécier que les conséquences, sans rechercher les causes : par exemple : le fond du problème travail-emploi, ce n'est pas le chômage, c'est l'absence ou l'évolution des activités. Le problème de la protection sociale n'est pas que l'équilibre des comptes sociaux, c'est l'exercice de la solidarité en fonction du bien-être de l'homme et de l'humanité.

Le problème n'est pas la “croissance pour la croissance” mais la satisfaction des besoins nécessaires au développement de la qualité de la vie, alors que ces besoins sont aujourd'hui prédéterminés pour la providence marketing des dinosaures producteurs qui – a contrario de ceux de Jurassic park – ont généré des petits qui ne grandiront pas, emprisonnés dans un sous-système de marché totalement dépendant du système industriel des géants de l'économie mondiale.

Ce système d'organisation et de fonctionnement de l'économie moderne a été parfaitement décrit – il y a plus de 20 ans – par les américains John Kenneth Galbraith et Wassily Léontief, prix Nobel d'économie.

Si je me permets de dire ce qui précède, ce n'est point par la cuisterie de celui qui sait parce qu'il est placé à un bon endroit d'observation ; mais pour attirer l'attention sur le fait qu'un problème majeur de société et de culture – comme le travail-chômage-emploi – ne peut plus être traité dans la logique seulement économique, mais doit être repensé dans sa logique sociale sans attendre le jour, ou le soir, où le Grand Ordinateur de la “tortue tranquille” décidera de renverser la vapeur, quand le chômage aura un coût supérieur à celui de l'emploi, et que le consommateur, saturé et gavé de gadgets, voudra se reposer… en travaillant !

En écho, remonte en notre mémoire, le temps – 1914 – où le Ministre du Travail socialiste Albert Thomas s'écriait : “Le social doit vaincre l'économique”, et où lui a répondu, en 1969, l'apostrophe lancée à l'O.L.T., par le Pape Paul VI : “Plus jamais le travail contre le travailleur, mais toujours le travail au service de l'homme.”

C'est, à sa manière, ce que la franc-maçonnerie et notamment la Grande Loge de France veut rappeler solennellement et publiquement au monde de la politique, de l'économie et du social.

Il se trouve, de par les circonstances, que cette année 1995 éminemment maçonnique pour nous, sera également éminemment démocratique pour notre pays. L'élection d'un Président de la République dans un pays libre comme le nôtre, et dans la Constitution que les français se sont donnés, est un événement majeur pour notre démocratie.

Fidèle à sa tradition et sa constitution, la Grande Loge de France ne s'immiscera pas dans la campagne électorale et, bien évidemment, ne donnera aucune consigne de vote ; mais elle ne peut rester insensible et muette dans le débat de société. Comme ce fut le cas dans les grands moments de notre histoire propre, comme de notre histoire nationale, il me semble qu'il est de notre devoir de rappeler à ceux qui brigueront la charge de la magistrature suprême et dont l'un sera l'élu du peuple français, quelles sont les valeurs humanistes et démocratiques, les vertus morales et citoyennes dans lesquelles croit la franc-maçonnerie et notamment la Grande Loge de France, et pour lesquelles un certain nombre de nos frères sont morts dans un conflit qui a opposé les hommes de paix et de fraternité aux hommes de guerre et de haine. Nous ferons cela dans la discrétion et la dignité qui conviennent aux vrais constructeurs.

Attirer ainsi l'attention du pouvoir politique sur les conditions du présent qui peuvent déterminer le devenir de la société n'est pas se mêler aux joutes politiciennes ou se poser en donneur de leçons et de conseils ; c'est prendre le parti de la raison contre le danger de schizophrénie. C'est continuer à redonner sens aux mots-symboles et force aux valeurs morales. C'est affirmer, au nom de la tradition maçonnique, la permanence de l'esprit des lumières. C'est démontrer que la franc-maçonnerie d'aujourd'hui – comme d'hier – est une voix, une voie citoyenne capable de conjuguer la personne du franc-maçon et le citoyen, membre de la collectivité humaine.

En se conduisant ainsi, j'estime que la Grande Loge de France prend son indispensable et juste place dans le débat de société et renoue avec sa participation à l'expression intellectuelle nationale.

C'est dans ce même esprit que nous faisons entendre notre voix et que nous apportons notre pierre à la construction patiente d'une Europe fidèle à sa vocation civilisatrice de rassembler, dans la diversité de ses composantes, les aspirations à la concorde et à la prospérité des peuples et des nations de ce vieux continent qui vit la naissance de la franc-maçonnerie spéculative ou moderne et qui garde de la franc-maçonnerie opérative les traces, par les repères de pierres de ses cathédrales sur les chemins des pèlerinages européens.

En participant à la reconstruction de la franc-maçonnerie dans les pays de l'Est, la Grande Loge de France ne cherche pas à se comporter en “mentor”, mais en “frère” qui aide son frère. Celui qui sort des ténèbres de la dictature stalinienne mais qui gardait au fond de son cœur la petite flamme d'espérance que lui avaient transmise son père, son grand-père, qui eux-mêmes, l'avaient reçue de leurs ancêtres.

Dans ces pays où l'Etat totalitaire marxiste avait voulu faire de l'athéisme sa religion de gouvernement des esprits, la tradition maçonnique renaît de ses braises qui se cachaient sous la cendre.

C'est le souffle qui ranime la flamme que la Grande Loge de France veut apporter à la maçonnerie renaissante de l'Est européen, qui pourrait lui faire retrouver un rôle initiateur et rassembleur dans la construction d'une Europe de l'unité des Nations dans la diversité des cultures.

Ce souffle qui doit se refaire vivifiant sur le continent africain, dans une prospective universaliste de cet ensemble géopolitique que l'on a appelé, en son temps, l'Eurafrique.

Si nous Francs-maçons, ressentons si intensément cela, c'est à la fois initiatiquement et politiquement, en fonction même de notre tradition acceptée d'un universalisme fondateur: de la personne humaine – univers en elle-même – et du monde vivant – univers en lui-même. La personne dans ses structures physiques, métaphysiques, morales et spirituelles; le monde dans ses structures anthropologiques, géopolitiques, sociétales.

* * *

Peut-être, mes sœurs, mes frères, à ce moment de mon exposé et après ce que je viens d'énoncer, vous vous dites qu'il y a là un idéalisme sympathique teinté même de quelque angélisme… bien loin des réalités du monde et de la société des humains.

En effet, ne sommes-nous pas des velléitaires dans ces interpellations que nous lançons au monde politique dans le cadre de cet événement de la vie démocratique qu'est l'élection du Président de la République? En effet, qui sommes-nous pour parler de spiritualité humaine, de tradition humaniste, de société fraternelle, de droits de l'homme et du citoyen?

Nous sommes des héritiers. C'est au nom de ceux qui nous ont précédés dans la voie maçonnique que nous pouvons parler, au nom de ce qu'ils ont été et de ce qu'ils ont fait; mais ne nous contentons pas d'être seulement des héritiers gérant frileusement un héritage, nous devons être aussi des transmetteurs, afin d'apporter notre part d'héritage que nous laisserons à ceux qui viendront après nous. Il est plus aisé d'être héritier que pionnier; soyons l'un et l'autre, comme le furent ceux qui nous ont précédé.

L'Europe du XVIIIe siècle doit beaucoup aux "lumières" dont les Franc-maçons furent les inspirateurs et des acteurs, quelque fois illustres.

L'esprit des lumières traversa les frontières, franchit les océans, se posa sur d'autres continents et nous vivons encore des récits de cette odyssée.

Une société nouvelle, un homme nouveau, naquirent des “lumières”. Ne nous satisfaisons donc pas de gérer l’héritage en précautionneux, par moment, en dispendieux à d'autre. Et surtout, ne craignons pas d'être traités d'utopistes dans l'énoncé et le contenu de nos visions de l'avenir. Ne vivons-nous pas – aujourd'hui – dans des utopies d'hier – réalisées ! Au droit d'expression, ajoutons le devoir d'utopie.

Pour nous francs-maçons, l'esprit transcende la matière comme le maître élève l'apprenti. La lumière que le franc-maçon est venu chercher dans le temple, c'est celle de l'ouverture de l'esprit qui fait toutes les ombres.

Depuis plus de vingt ans, la Grande Loge de France, avec patience, prudence, mais aussi avec persévérance et en espérance, a entamé le dialogue dans la discrétion et la compréhension avec ce qu'elle appelle les autres forces spirituelles et principalement avec les religions et notamment avec l'Eglise catholique française.

Ce long dialogue a transformé la méfiance en confiance ; de l'échange loyal d'idées est né le désir de construire en amitié une œuvre de réflexion, de méditation commune. L'aboutissement en réalisation de communication a été la confection d'une cassette vidéo conjointement produite par l'Evêché de Versailles et la Grande Loge de France présentant un dialogue-reportage entre un journaliste de *Chrétiens-médias* et trois frères de la Grande Loge de France de confession catholique.

D'un commun accord, les producteurs ont décidé de ne distribuer que sur demande ces vidéocassettes et de ne les utiliser que dans le cadre de réunions d'information privées réciproques. Cette diffusion discrète constitue un vecteur de pénétration en profondeur dans la réflexion des uns et des autres, prépare et consolide cette “conversion du regard” qui devrait permettre d'escalader les murs d'incompréhension dressés par les circonstances de l'histoire et de s'élever, avant qu'ils ne s'écroulent, comme celui de Berlin, vers l'unité en esprit et en cœur de la fraternité accomplie des hommes de bonne volonté.

Par un heureux hasard, à la veille de cette conférence, vient de paraître le numéro mensuel de mars de la revue *L'Actualité Religieuse* qui consacre un important dossier à la franc-maçonnerie sous le titre : “Nos frères, les francs-maçons – De l'anathème au dialogue –”.

L'éditeur m'a fait l'honneur de la photo de couverture. Mais

– comme l'on dit – si tous les chemins mènent à Rome, il en est certains qui ne peuvent franchir encore la frontière du Vatican.

*
* *

Je ne peux aller vers le terme de cette conférence sans vous parler d'un anniversaire qui touche de près la Grande Loge de France puisqu'il s'agit de son centenaire.

Depuis juin dernier jusqu'en juin 1995, la Grande Loge de France célèbre ses cent ans d'existence dans sa structure actuelle, dans le cadre de sa relation initiatique et symbolique dans le Rite Ecossais Ancien et Accepté.

La Grande Loge de France et le Suprême Conseil de France, Obédience et Juridiction maçonniques indépendantes et souveraines, se partagent le gouvernement et l'administration du Rite Ecossais Ancien et Accepté. Le Suprême Conseil de France conférant et ayant autorité sur les Ateliers "supérieurs" du 4e au 33e degrés. La Grande Loge de France ayant souveraineté sur les trois premiers degrés du Rite Ecossais Ancien et Accepté conférés par les loges dites bleues.

En loges bleues, comme dans les ateliers supérieurs, les travaux sont ouverts à la Gloire du Grand Architecte de l'Univers, en présence des trois grandes Lumières de la franc-maçonnerie : l'Equerre, le Compas et le Volume de la Loi Sacrée qui est la Bible. Lors de l'initiation au 1er degré, le postulant peut demander de prêter serment sur un autre livre à caractère sacré dont la liste lui est présentée.

A l'évidence, l'histoire de la franc-maçonnerie – universelle, étrangère, française – est faite d'une suite d'histoires de la petite histoire, où les imbroglios s'entrecroisent en événements, ruptures-réconciliations, fêtes et désastres auxquels le recul du temps donne sa juste valeur, et la mémoire ne retient que ce qui en vaut la peine…

C'est dire combien l'Institution Grande Loge de France est une construction permanente que mènent des hommes de bonne volonté, mais qui ne sont que des hommes lancés dans une belle aventure de l'esprit humain, sur cette petite boule qui tourne sur elle-même et que nous appelons : la planète bleue.

Ce centenaire que nous célébrons n'est qu'un jalon de lumière dans le lointain du temps, puisque la première Grande Loge que l'on peut considérer comme ayant été de France, française, anglaise de France, écossaise, française date de 1732 disent les historiens, point d'accord entre eux puisque d'autres avancent les dates de 1736 ou 1738. Epsilon dans la marche du Temps et de l'Histoire !

Ce qui importe aujourd'hui, c'est ce que nous sommes et ce que nous voulons volontairement devenir en fonction même des héritages de notre histoire ; et dans notre tradition première de constructeurs, ce que nous voulons bâtir pour le bien-être de l'homme et de l'humanité.

Je le disais en commençant cette conférence, je le répète en la terminant. Si le franc-maçon se construit lui-même au contact de ses frères, dans sa loge qui est en activité un atelier où s'échangent les idées, et où se tracent les plans, le franc-maçon poursuit au-dehors l'œuvre commencée dans le Temple.

La loge n'est pas un refuge, encore moins un cocon douillet ou de soi-disant beaux esprits viendraient échanger de brillants et anodins propos, et referaient en petits cénacles le monde… des autres… des profanes vulgum pecus !

La loge est un lieu de travail – personnel et communautaire – atelier, laboratoire, où peuvent régner la paix, l'harmonie comme la joie, mais aussi le rapport de force, la tension intellectuelle, le doute et quelquefois la peine ; mais en loge, tous ces sentiments, ces états d'âme bien humains sont transcendés par une fraternité, en quelque sorte, d'armes, d'outils, de compagnons du même art pour une même œuvre. C'est librement que l'on entre en loge, c'est librement que l'on y reste, pour travailler, c'est librement que l'on peut poser les outils et se retirer de l'atelier.

Être franc-maçon c'est s'engager dans l'exigence d'un combat permanent jamais définitivement gagné car “la bête rôde, et son ventre est toujours fécond…” selon l'expression de Brecht. C'est pourquoi, toi qui veux venir chez nous : si la curiosité t'attire, vas-t-en. Si la peur te guette… reste chez toi ; mais si tu veux être l'homme du poème de notre frère Kipling, alors : “sois franc-maçon… mon frère”.

*
* *

Cette année anniversaire ne serait pas célébrée comme il convient si, en mai prochain, nous n'honorions pas la mémoire de ceux qui moururent dans les camps de déportation et si nous n'apportions pas notre reconnaissance aux rescapés qui ne furent libérés qu'en mai 1945.

Il y avait parmi eux des francs-maçons de toutes croyances et idéaux, des résistants, des patriotes qui, pour certains d'entre eux, étaient également francs-maçons, ou qui le devinrent depuis, tel notre Passé Grand Maître Georges MARCOU, survivant de Mauthausen.

Nous leur rendrons un hommage solennel en notre Hôtel de la Grande Loge de France à Paris, en présence de représentants des plus hautes autorités de la République.

Puisque j'évoque ceux et celles qui furent parmi les meilleurs d'entre nous et qui ne retrouvèrent la liberté qu'en dernier, permettez-moi – pour eux et en mémoire de tous ceux qui payèrent de leurs souffrances et de leur vie leur lutte contre la barbarie nazie – de vous demander de méditer ce que je vais vous dire maintenant.

Il s'agit du court texte intégral du serment que prêtèrent sur place – toutes nations confondues – le 16 mai 1945, les rescapés de Mauthausen, sans haine, mais rayonnant d'espérance dans la liberté reconquise et la fraternité humaine retrouvée :

“Le séjour de longues années dans les camps nous a convaincus de la valeur de la fraternité humaine.

Nous voulons, après avoir obtenu notre liberté et celle de notre nation, garder le souvenir de la solidarité internationale du camp et en tirer la leçon suivante :

Nous suivrons un chemin commun, le chemin de la compréhension réciproque, le chemin de la collaboration à la grande œuvre de l'édification d'un monde nouveau, libre et juste pour tous.

Nous nous souviendrons toujours des immenses sacrifices sanglants de toutes les nations qui ont permis de gagner ce monde nouveau.

En souvenir de tout le sang répandu par tous les peuples, en souvenir des millions de nos frères assassinés par le fascisme nazi, nous jurons de ne jamais quitter ce chemin”.

Chaque fois Mesdames, Messieurs, que le souvenir s'estompera dans nos mémoires, chaque fois que nous douterons de l'homme, chaque fois que des images sombres obscurciront le soleil de la liberté, de l'égalité, de la fraternité, rappelons-nous l'exemplaire combat de ces hommes et de ces femmes à qui nous devons d'être libres aujourd'hui dans une société démocratique et une civilisation préservée.

Débutant cette conférence, j'énonçais : La Grande Loge de France : un Ordre initiatique dans une société démocratique ; en terminant mes propos, j'espère vous avoir éclairés sur cet ordre initiatique – constructeur de la personne dans sa globalité humaine faite de la communion de la chair et de l'esprit ; cette société démocratique – constructrice d'elle-même et participante à l'édification permanente de la société politique dans ses valeurs citoyennes de démocratie humaniste.

Jean-Louis Mandinaud

Michel BARAT

Né en 1948, Michel Barat est professeur agrégé et docteur en philosophie et a été nommé Vice Recteur d'Académie en 2003. Initié en 1971, à la Respectable Loge 686 "La Dignité Humaine", à l'Orient de Paris, il a été Grand Maître de la Grande Loge de France de juin 1990 à juin 1993 et de juin 2001 à juin 2003.

Bibliographie :

- *La conversion du regard,* Éditions Albin Michel
- *La fin des lumières,* Éditions Michel Lafont
- *Mon voisin, mon cousin, mon frère,* Éditions Alice et Desclée de Brouwer
- *L'altérité et l'image de la femme à travers les textes et la symbolique gnostique*
- *La recherche de la vérité,* Éditions Dervy

DE L'INITIATION
Paru dans PVI N° 59.- 1985

Dans ce texte Michel Barat présente une double réflexion sur les notions de transcendance et d'infini et les concepts de raison et d'imagination.

Transcendance et infini.

Faisant référence à Descartes, Michel Barat nous rappelle que l'homme est un être fini qui a une idée de l'infini.

Cette infinitude que l'Homme porte en lui est comme une "marque de la transcendance" et si sa volonté lui permet de tendre vers elle, il ne doit cependant pas commettre l'erreur de transformer le désir d'infini en une prétention à l'absolu infini auquel il ne saurait parvenir.

Insistant sur l'importance de cette notion pour la démarche initiatique, Michel Barat nous appelle à "prendre garde à ce que la routine de la communication ne détruise pas cette référence au transcendant que doit avoir notre langage dans nos Temples" car le travail initiatique est celui "grâce auquel l'Homme se donne son unité authentique".

Raison, imaginal et symbole.

Contre l'opinion de Descartes cette fois, Michel Barat réhabilite la notion d'imaginal (qu'il préfère à celle d'imaginaire – trop marquée par la psychologie des profondeurs – et à celle d'imagination – souvent considérée comme la folle du logis après Pascal –) qui donne leur dimension à nos symboles, dont la seule évaluation par les facultés de la raison n'aboutirait à rien.

Un fonctionnement commun de la raison et de l'imaginal est donc nécessaire, car se laisser aller à sa seule imagination, sans en tempérer le fonctionnement par l'exercice de la raison, aboutit au dérèglement des sens et des perceptions, alors que regarder le monde uniquement avec les outils de la raison, sans lui donner la dimension de l'imaginal, appauvrit la vision et aboutit à la sécheresse des concepts désincarnés.

NAISSANCE DE LA MAÇONNERIE SPÉCULATIVE : LA BIBLE, LA TOLÉRANCE.

Paru dans PVI N° 68 - 1988

Michel Barat dans ce texte présente la Bible comme Volume de la Loi Sacrée qui exprime la conscience éthique de l'être humain, en tant que capacité à faire des choix fondés dans une réflexion sur les valeurs.

Mais il le dit, si la Bible n'est pas en Loge considérée comme le livre d'une révélation religieuse, rien n'interdit au Franc-Maçon sa lecture comme parole révélée.

La démarche du Franc-Maçon en Grande Loge de France est donc à la fois approche intellectuelle, réflexion éthique et revendication de tolérance, mais aussi quête du sacré et pari sur le sens, dans le cadre d'une spiritualité initiatique ouverte à la liberté.

Point fondamental pour Michel Barat, le Volume de la Loi Sacrée ne peut pas "se réduire à une Constitution… et encore moins à un livre blanc qui ne saurait affirmer la liberté d'interpréter puisqu'il n'y aurait rien à interpréter".

Et Michel Barat de conclure que :

- entre une Franc-Maçonnerie qui se tourne exclusivement vers les Anciennes Obligations,

- et une Franc-Maçonnerie "qui met entre parenthèses la Bible" et s'en détourne pour promouvoir le seul humanisme et une éventuelle désacralisation de la démarche,

- la Grande Loge de France se définit comme une démarche "authentique", marquée par un engagement pris sur les trois Grandes Lumière "dont le Volume de la Loi Sacrée qui ne saurait être ici que la Bible". Elle n'est pas une troisième voie de la Franc-Maçonnerie, mais "la continuation de la tradition maçonnique la plus pure", marquée par un double pari : celui "sur le sens transcendant et sur la liberté de penser".

A. G.

De L'Initiation

Il m'a été demandé d'ouvrir cette deuxième journée de Royaumont par une réflexion sur le concept d'initiation. Il y a là sans aucun doute une certaine difficulté pour saisir dans les rets d'un appareil conceptuel ce que chacun d'entre nous a vécu comme un chemin initiatique.

Veuillez m'excuser, je n'aurais jamais dû dire “a vécu” mais au contraire vit. En effet, je n'apprendrai rien à personne en affirmant que l'initiation ne se réduit ni à un instant ni à une cérémonie marquant cette initiation, mais que, bien plutôt, la cérémonie initiatique à laquelle tous les Francs-Maçons ont participé, d'abord comme néophytes, puis comme officiants, n'a de sens que si nous la comprenons comme un premier pas sur un chemin qui demandera quelque endurance.

Peut-être certains pourraient s'étonner de l'expression d'officiant que je viens d'utiliser. Je tiens à la préciser du point de vue de tous les Maîtres Maçons qui participent aux travaux d'une Loge régulièrement constituée.

En aucun cas le mot officiant ne doit ici faire référence à l'idée d'un sacrement : la Franc-Maçonnerie ne confère aucun sacrement, et en ce sens elle n'agit pas dans le domaine propre aux religions ou aux philosophies qui contestent le point de vue religieux.

Les deux perspectives ne lui sont pas indifférentes, mais le concept de sacré que nous établissons ne saurait donner lieu à des querelles sur ce point.

Ce que nous voulons dire quand nous affirmons que nous travaillons à la Gloire du Grand Architecte de l'Univers, n'est rien d'autre que l'aveu d'une humilité qui pourtant ne renonce pas à la dignité et qui affirme travailler au nom d'un principe transcendant, librement interprétable par le libre arbitre de chacun.

Aucun de nous ne renonce, en effet, à la liberté du sujet qui pense tel que Descartes le proclame et le démontre dans la formule du "Cogito ergo sum", qui résume aussi bien le "Discours de la Méthode" que les "Méditations Métaphysiques". En ce sens nous sommes tous des officiants au sens où officier ne signifie rien d'autre que de mettre en œuvre un travail sacré.

Ce travail du sacré appartient sans doute d'abord aux Officiers d'une Loge, mais aussi et peut-être d'abord, à tout un chacun des participants à une cérémonie ou à n'importe quel travail dans une Loge dûment constituée.

Certes, on pourrait voir ici un jeu de mots, ou une frivolité rhétorique, il n'en est rien la recherche du sens des mots fait partie de l'authentique travail initiatique, au sens où Mallarmé, le poète, et pourquoi pas l'initié, s'efforce de "donner un sens plus pur aux mots de la tribu".

Pour être plus clair je dirais que si la tradition des Pères de l'Eglise a retenu la traduction de sacrement pour le grec mystérion, notre tradition ne suit pas cette voie, sans pour autant l'exclure dans une autre sphère que la nôtre.

Nous en restons sur la conception d'une démarche initiatique comme effort de découverte en soi d'une parcelle de lumière qui participe à la lumière du monde.

Aussi le progrès dans la voie initiatique consiste à développer cette étincelle et à rassembler, d'abord en nous, puis parmi tous les Frères et ensuite chez tous les hommes les étincelles éparses pour faire de l'Humanité le Temple de la Vérité.

Aussi en ce sens nous pouvons être cartésien et affirmer que l'homme est un être qui a une idée de l'infini, que le propre de l'humain est d'envelopper en sa finitude de l'infinitude.

Mais il nous faut aussi nous inscrire en faux contre une des conséquences de la pensée de Descartes, qui fait de l'imagination l'un des plus bas degré de la pensée.

Pour nous, au contraire, si la voie rationnelle, au sens habituel du terme, nous est indispensable et est un chemin laborieux et difficile qu'il nous faut emprunter, cela ne veut nullement dire que nous rejetons le pouvoir de l'imagination comme producteur d'illusions et d'erreurs.

Avec Henry Corbin nous affirmons qu'il y a bien un monde imaginal et que ce monde imaginal n'est pas en contradiction avec le monde rationnel, mais que l'imaginal et le rationnel sont deux manifestations de la Vérité.

L'originalité de la perspective initiatique, celle qui unit dans le regard de celui qui pénètre dans le Temple le compas et l'équerre, c'est l'union de ces deux mondes, l'union des deux facultés qui se correspondent, l'entendement et l'imagination, dans et pour la recherche d'une vérité qui est toute à la fois imaginale et rationnelle.

Aussi exigeons-nous dans nos travaux à la fois la rigueur de la présentation rationnelle et l'ouverture imaginale que nos symboles nous offrent.

La lecture des symboles sans l'appui de la raison nous conduirait sans doute aux égarements d'une imagination folle, qui deviendrait une authentique folle du logis, mais une rationalité sans imagination nous conduirait à la sécheresse des concepts sans chair.

Peut-être voit-on ici se dessiner une des exigences qui permet à notre Ordre de discerner parmi les profanes qui frappent à la porte du Temple.

Ce que la Franc-Maçonnerie attend du profane, c'est que, s'il est homme de raison, il soit prêt à s'ouvrir au monde de l'imaginal, et que, s'il est homme d'imagination, il soit capable de contenir les élans de son imagination dans l'ordre du concevable.

En un mot nous lui demandons de ne pas réduire l'homme à sa finitude, mais aussi de ne pas transformer son désir d'infini en une prétention fausse à l'infinitude.

En ce sens l'initiation construit un pont, celui de la finitude humaine à l'infinitude sacrée, mais un pont dont l'axe n'est pas dans l'horizontalité mais dans la verticalité.

Cet axe vertical est celui sans lequel la raison ne serait rien d'autre qu'une manifestation plus développée de l'instinct, rien d'autre qu'une forme édulcorée de la volonté de puissance ; sans cet axe de verticalité l'imagination ne serait que le lieu des fantasmes, des illusions humaines.

En fait cet axe vertical est celui qui permet à la raison et à l'imagination de se correspondre en un homme, non plus fractionné et divisé, autrement dit aliéné, par la diversité de ses facultés et selon les nécessités et les obligations de la société, mais en un homme qui redécouvre, qui recouvre même toutes ses dimensions, qui se recueille lui-même en recueillant le sacré.

En un temps qui est celui de la modernisation, voire celui de la post-modernité, on serait en droit de se demander si un tel discours qui fait de l'initiation une aventure sur un chemin vertical conduisant à l'unité, et non pas à la totalité, peut aujourd'hui toujours se tenir alors, que l'homme et le social prennent dans les faits plus l'aspect d'un miroir brisé aux reflets éclatés que celui d'un miroir recueillant les rayons lumineux qui lui proviennent de tous les points de l'espace.

Je me permets d'affirmer que non seulement cette attitude est moderne, mais que, comme au XVIIIe, elle est la marque de l'authentique modernité.

Ne craignons pas d'affirmer que la voie initiatique n'est pas archaïque, mais plus encore il nous faut proclamer qu'elle est celle de la modernité, non pas parce qu'il s'agirait là d'une conviction d'un adepte – cela serait de peu de poids face au monde profane – mais parce qu'il est vrai, du moins selon mon analyse, que la modernité s'exprime par ces voies du sacré.

Voilà le point que je voudrais tenter d'éclaircir maintenant.

Depuis la révolution cartésienne dans le domaine des sciences, et ses conséquences lointaines dans les révolutions économiques, industrielles et technologiques, le progrès et la modernisation ont été compris avant tout dans l'ordre des faits observés et du pouvoir technique, que l'homme s'est donné sur la nature.

Avec le mouvement des Lumières, les progrès de la Raison dans sa recherche de la vérité dans la sphère des sciences et des techniques se sont prolongés par un progrès dans l'ordre des droits, dans la recherche du juste dans la sphère de la légitimité.

La pénétration de la révolution rationnelle depuis l'ordre des faits observés jusqu'à celui des droits affirmés se traduit par exemple dans l'œuvre d'un penseur comme Condorcet et se réalise dans la révolution politique, celle de 1789.

Cependant, malgré l'espérance de Condorcet dans son *Esquisse d'un tableau historique des progrès de l'Esprit humain*, il serait vain aujourd'hui de penser qu'un homme dans sa personne puisse synthétiser encyclopédiquement la somme du savoir, de même que la complexité des sociétés contemporaines nous interdit de penser réalisable l'idée des humanistes d'une démocratie ou chaque sujet libre pourrait en se rassemblant avec les autres légiférer, le relais de la représentation et celui de l'Etat semble indispensable au moins dans l'ordre macro-sociologique.

Aussi les deux voies de la modernisation, celle de la science et celle du droit semblent aujourd'hui se clore sur elles-mêmes, même s'il s'agit là de conquêtes précieuses, que d'ailleurs la Maçonnerie non seulement approuvait mais encore conduisait aux XVIIIe et XIXe siècles.

Nous retrouvons facilement ces traces dans les rituels et notre philosophie quand nous affirmons travailler au progrès de l'humanité. Or ce progrès ainsi limité semble parfois régressif et aller à l'encontre de l'humain au lieu de le développer, au point de provoquer parfois des phénomènes de rejets dramatiques donnant naissance à l'intolérance la plus barbare, comme par exemple en Iran.

Mais ces effets pervers d'un progrès que, pourtant, notre philosophie revendique, sont peut-être dus à la mise entre parenthèses d'une autre sphère que celle de la science et du droit, celle de la représentation et des formes symboliques.

En effet, comment ces progrès technologiques et démocratiques légués par la philosophie des Lumières, à laquelle nous sommes historiquement attachés, peuvent se transmettre et se développer parmi les hommes, si ce n'est au moyen de formes symboliques qui, elles, puisque symboliques ne peuvent être en rupture avec le passé, travaillées qu'elles sont par la tradition.

L'ordre de la représentation symbolique est le lieu de la transmission et de l'appropriation de ce que la raison a conquis dans celui de la science et du droit.

En ce sens la référence à la tradition n'est pas archaïque, elle est tout au contraire moderne, car c'est par les formes symboliques forgées et transmises évolutivement par et dans la tradition que le sujet humain peut s'approprier et transmettre les progrès de la raison dans la science et les droits.

Notre pouvoir nouveau sur la nature comme nos droits de l'homme ne seraient rien si chaque sujet ne pouvait se les approprier aux moyens des formes symboliques qui lui sont parvenus traditionnellement : sans cette appropriation, il les rejetterait.

Aussi en s'ancrant dans la tradition, en se voulant une société traditionnelle la Franc-Maçonnerie n'en est pas moins une société moderne, participant sans doute ainsi d'une des manières les plus efficaces à la modernisation des mentalités.

Il faut ajouter sur ce point que l'ordre de la science comme ordre des faits est celui d'une relation aux objets, où le je est en rapport avec un il au neutre, – il s'agit bien là du monde la réification – et que l'ordre de la légitimité et du droit est celui du conflit et de la négociation des intérêts des personnes, qui sont dans la relation à l'autre, dans un rapport du je au tu.

Mais comment ce rapport aux objets, et a fortiori ce rapport aux autres dans l'ordre de la société seraient possibles sans avoir d'abord établi un rapport du sujet au sujet, du je au je.

Or ce rapport du sujet au sujet ne peut se faire que dans et par le langage, le lieu de la conscience théorique et spéculative.

Le langage est bien alors, comme le dit Heidegger, la maison de l'être et l'abri de l'homme.

Encore faut-il que ce langage ne soit lui-même réifié au point de devenir une langue de bois, et que les mots gardent sens, malgré leur circulation parfois trop rapide.

Ce qu'apprend la démarche initiatique c'est précisément que les mots ont sens, qu'il y a des symboles qui renvoient à un sens transcendant.

Mais elle apprend aussi que ce sens n'appartient pas aux mots, que ceux-ci ne peuvent pas absorber le sens, qu'il y a toujours un vide, un trou, une béance entre le mot et son sens : c'est ce que nous voulons dire par l'idée d'une parole perdue dont nous n'approchons que par des mots restituées.

La parole vivante qui envelopperait tout le sens nous fait défaut ; mais nous avons grâce à l'initiation la possibilité de mots qui ne soient pas ceux d'une langue de bois.

Il s'agit ici de prendre garde à ce que la routine de la communication ne détruise pas cette référence au transcendant que doit avoir notre langage dans nos temples, mais aussi qu'il devrait avoir par voie de conséquence à l'extérieur des temples.

C'est en nous donnant accès à des formes symboliques de représentation que la démarche initiatique se fait entre la finitude de l'homme et l'infinitude qu'il porte pourtant en lui comme marque de la transcendance.

En un mot l'initiation n'est rien d'autre qu'un pari, au sens pascalien, qu'un pari sur le sens.

En ce cas il faut jurer, il nous faut parier.

L'initiation en nous ouvrant la voie de la conscience authentique, en nous faisant pénétrer dans la sphère de la représentation symbolique, nous donne ainsi un outil pour nous approprier notre modernité et pour savoir agir selon une éthique légitime et une efficacité technique sur le monde contemporain.

Le recueillement sur soi par lequel commence toute initiation, se poursuit par une ouverture sur l'autre dans la morale et la construction du monde humain qu'il nous faut inventer en poète.

La conscience authentique ainsi libérée, libère à son tour la conscience morale et la conscience technique.

Les voies de l'initiation sont loin de nous désengager de notre modernité, bien au contraire elle nous permet d'y accéder sans nous y perdre.

Il s'agit là d'un fil d'Ariane qui, s'il venait à se rompre, nous livrerait à une errance sans fin.

Il appartient donc au travail des Loges de démêler ce fil d'Ariane, grâce auquel l'homme se donne son unité authentique dans sa relation au transcendant.

Michel Barat

NAISSANCE DE LA MAÇONNERIE SPÉCULATIVE : LA BIBLE, LA TOLÉRANCE

Comme André Glucksmann le souligne dès l'ouverture de son dernier livre consacré à René Descartes, l'homme du doute est aussi celui qui, comme militaire, assiste à la bataille de la Montagne Blanche où les troupes impériales de Ferdinand II écrasent celles de l'électeur du Palatinat, roi de Bohème, Frédéric V.

Sans doute s'agit-il là d'un événement capital dans l'histoire des nations européennes mais il s'agit aussi d'un événement symbolique de l'histoire de la pensée. Frédéric V, homme de tolérance et de culture, gardait en son esprit et essayait, tant que faire se peut, de réaliser l'idéal érasmien du mouvement évangélique, continuateur de l'esprit et de la tradition antique, pour qui “l'amour de la sagesse est aussi sagesse de l'amour”.

Ainsi s'était-il entouré des membres de sociétés occultistes s'efforçant de concilier en pratique le progrès des sciences et le progrès moral dans la tolérance et l'amour fraternel.

Commenius adepte de la secte des Frères Moraves illustre cette tendance.

Peut-être s'agit-il là de l'expression la plus noble de l'utopie mais, quoi qu'il en soit, la bataille de la Montagne Blanche met fin à ce rêve dans les faits.

L'ère de la déception et du doute s'ouvre: l'amour de la sagesse divorce d'avec la sagesse de l'amour.

Pourtant la maçonnerie spéculative naissante au XVIIIe siècle prolongeant la modification déjà apportée à la maçonnerie ancienne par la maçonnerie acceptée veut renouveler ce pari sur l'accord de la raison et du cœur : c'est ainsi que dans les Loges se retrouvent tout autant des rationalistes rigoureux, fidèles à l'esprit de l'Encyclopédie que des “illuminés” (terme alors nullement péjoratif) annonciateurs du romantisme tel qu'il se développera en Allemagne.

Or ces Frères font référence à un Volume de la Loi Sacrée qui se trouve être la Bible.

Cela demande réflexion car le rationalisme des uns et le mysticisme des autres en faisaient l'objet de la colère des institutions religieuses, d'autant plus que se retrouvaient dans le même lieu des protestants latitudinaires et des catholiques libéraux.

Il apparaît alors nécessaire de réfléchir sur la présence de la Bible comme Volume de la Loi sacrée dans le cadre de la double spécificité maçonnique qu'est la quête du sacré et l'affirmation de la tolérance.

Peut-être faut-il inscrire l'originalité de la démarche maçonnique à partir de l'exigence spirituelle de la recherche toujours renouvelée d'une vérité qui fait sens, mais sans jamais l'atteindre possessivement ; en un mot, il s'agit d'une quête du sacré et d'une exigence éthique de la tolérance comme fondement de la dignité et de la liberté du sujet humain.

Or, au XVIIIe siècle, la question sur la Bible s'inscrit non pas dans la pure perspective religieuse mais comme l'aboutissement d'un affrontement idéologique entre partisans d'une dogmatique fermée et partisans de la tolérance entendue non seulement comme liberté de conscience mais encore comme liberté de penser.

Ici, il faut apporter une précision : la liberté de conscience ouvre la possibilité d'adhérer ou non selon son libre arbitre à telle ou telle religion.

La liberté de conscience, au sens strict du terme, s'inscrit donc dans la sphère de la question de la liberté religieuse.

La liberté de penser, plus large encore, confère à l'homme la possibilité d'user de sa raison pour pousser sa recherche du vrai jusqu'où il le peut sans rencontrer aucune entrave, fût elle religieuse.

Ainsi du XVIIe siècle au XVIIIe siècle les défenseurs de la liberté de conscience comme Bayle et ceux de la liberté de penser comme Spinoza s'inspirent soit de références bibliques soit de la critique scriptuaire naissante pour affirmer non seulement le droit à la liberté de conscience et de penser mais encore la nécessité de cette liberté pour le progrès de l'homme.

L'originalité de la maçonnerie spéculative consiste précisément à affirmer cette double nécessité mais dans le cadre d'une quête spirituelle.

Aussi il semble permis d'interpréter la présence de la Bible en tant que Volume de la Loi Sacrée comme le symbole de la double exigence initiatique et tolérante qui détermine la pratique de la Maçonnerie spéculative telle qu'elle se dégage de la Maçonnerie opérative par l'intermédiaire de la Maçonnerie acceptée.

Ainsi se pose la question du serment pris sur la Bible, Volume de la Loi Sacrée indépendamment de la référence au Grand Architecte de l'Univers.

En cela le Grand Architecte de l'Univers et Bible constituent des références fondamentales de la pratique maçonnique mais ils n'entretiennent pas entre eux la même relation que Dieu et les Saintes Ecritures entretiennent entre eux dans le cadre des pensées religieuses.

Il apparaît que c'est là un des points qui génèrent la suspicion des églises intégristes sur la Maçonnerie, hier comme aujourd'hui.

Cette absence de liaison organique entre le Grand Architecte et la Bible peut se montrer par le simple fait que le Grand Orient de 1787 à 1878 travaillait bien à la gloire du Grand Architecte, sans pour autant demander au néophyte de prêter serment sur la Bible.

En poussant l'analyse, il faut comprendre les Constitutions d'Anderson comme l'œuvre d'un pasteur latitudinaire cherchant à dépasser les querelles religieuses et à rencontrer dans une libre quête de la vérité les catholiques libéraux.

Ce processus semble s'élargir dans l'histoire tant de la Maçonnerie que de la pensée par le passage de la liberté de conscience à la liberté de penser.

Nous nous proposons d'examiner comment à sa naissance la Maçonnerie spéculative s'inscrit dans le combat pour la liberté de conscience puis de penser, et cela dans la sphère spirituelle et non pas dans celle de la pure religion ou inversement dans celle de la pure philosophie : ce qui veut dire que la quête libre du sacré par le Maçon ne le conduit pas plus vers le Dieu des Religions que vers celui des philosophes, par le simple fait que cette quête demeure constamment ouverte et que son questionnement se renouvelle constamment, sans pour autant lui interdire loin de là une interprétation religieuse ou philosophique.

Pour ce faire il faut d'abord indiquer qu'elles étaient les positions des adversaires de la liberté de conscience et la manière dont ils s'inspiraient de la Bible comme le font tout autant leurs partisans.

Encore faut-il ici bien définir ce qu'est la liberté de conscience dans cette perspective, il ne s'agit pas de la simple liberté de conscience privée, mais de la liberté de conscience civile.

Des penseurs catholiques à l'image de Bossuet pour qui "la foi sert de science au chrétien" affirme non seulement le droit mais le devoir du Prince à imposer sa religion à son peuple : la raison en est que la souveraineté n'est point ici populaire mais divine, et qu'il ne saurait y avoir d'autre raison que la raison de Dieu se faisant raison d'Etat, que le logos divin.

C'est une pensée où aucune autonomie n'est laissée à la raison humaine, où toute philosophie ne peut être qu'ancillia theologiae.

Ainsi, en 1685, dans un texte intitulé "*Conformité de l'Eglise de France pour ramener les protestants avec celle de l'Eglise d'Afrique pour ramener les donatistes de l'Eglise catholique*", Goibaud-Dubois interprète-t-il tant l'histoire de *l'Ancien Testament* que celle du *Nouveau* et plus particulièrement les textes pauliniens comme une légitimation du point de vue augustinien pour qui "*Felix necessitas quae ad meliora compelli*" [1]

La démarche maçonnique affirme l'inverse, il ne saurait y avoir de contrainte heureuse et même plus la démarche qui conduit vers une meilleure saisie du sacré ne peut être que le choix volontaire d'un libre arbitre.

L'interprétation dogmatique s'inspire bien de la Bible : elle commente l'histoire de Paul contraint par Dieu à se convertir sur le

1. Heureuse nécessité qui contraint au meilleur.

chemin de Damas ou rappelle encore des formules comme celle des *Nombres 16-45*: "Il a dompté par des châtiments très sévères la rébellion de son peuple".

Face à la liberté de conscience revendiquée, une certaine partie des Eglises réaffirme le *compellere intrare* d'Augustin en en faisant parfois un *compellere remanere*.[2]

S'inspirer ainsi de la Bible c'est interdire toute autre lecture de ce Livre que celle du recueil de la Parole révélée.

Est ici révélée la différence entre une Bible, uniquement et totalement Livre de la Parole révélée et une Bible Volume de la Loi Sacrée qui appelle une interprétation de la raison humaine selon le libre arbitre d'un sujet doué d'une volonté autonome.

Tel était d'ailleurs l'enjeu qui opposait à l'époque, les savants historiens et philosophes qui s'adonnaient à la critique biblique, les philosophes plus tard de la Lumière aux partisans du littéralisme et du dogmatisme stricts : la critique savante, en effet, suppose pour le moins, le libre usage de la raison.

Face à cette position le philosophe français, Bayle, défenseur de la liberté de conscience argumente pour montrer que l'engagement religieux dans une direction non orthodoxe ne peut être réduit à un péché contre l'esprit.

La position intolérante consistait à affirmer selon Paul *(Galates V)* que l'erreur et l'errance en religion venaient du trouble de l'esprit par la chair.

Ainsi Bayle affirme : "l'adhésion à la fausseté qu'on croit être vérité n'est pas avoir de la fausseté".

Apparaît un droit à l'erreur, un droit à l'errance qui définit bien la conception de la liberté de conscience.

Aussi faut-il s'adonner, dit Bayle, à une lecture allégorique et métaphorique des propos de la Bible.

De plus la Bible est aussi livre d'histoire ce qui entraîne le droit et le devoir d'user de la raison critique pour démêler le message sacré de la transmission historique : David persécute ses ennemis en roi guerrier

2. Force à entrer - force à rester.

et non en roi prophète.

Ainsi avec Bayle nous arrivons à la conclusion que “le persécuté peut ne rien valoir mais que le persécuteur est toujours injuste”.

Cependant il ne s'agit encore que d'une liberté de conscience et nullement d'une liberté de penser : la première est une liberté négative du droit à l'erreur donc à l'errance, la seconde est une liberté positive du droit à la recherche et à la quête. C'est précisément cette libre recherche du sacré qui constitue l'originalité de la pensée maçonnique transformant ainsi l'errance libre fondée sur le droit à l'erreur en une libre quête fondée sur le droit à penser. Ce passage sera accompli par l'affirmation de la liberté de philosopher de Spinoza et par l'œuvre des philosophes de la Lumière tel que Locke.

Dans le Traité Theologico Politicus dès 1670, Spinoza s'était efforcé de montrer non seulement le bien fondé de la tolérance civile mais sa nécessité en vue de l'affirmation de la libertas philosophandi.

Sa lecture de la Bible, jugée blasphématoire par certains, s'articule en deux points essentiels à partir d'une étude critique philologique et historique : le peuple d'Israël a été élu par Dieu parce qu'il avait atteint un certain développement et non pas le peuple d'Israël connut la victoire par l'élection divine et par sa fidélité à Dieu, de plus, loin d'autoriser la contrainte l'histoire du peuple juif enseigne la liberté car il a contracté avec Dieu par une alliance libre.

Mais le Traité va plus loin : “Si les hommes pouvaient régler toutes leurs affaires suivant un dessein arrêté ou encore si la fortune leur était toujours favorable, ils ne seraient jamais prisonniers de la superstition.

Mais souvent réduits à une extrémité telle qu'ils ne savent plus que résoudre, et condamnés par leur désir sans mesure des biens incertains de fortune, à flotter presque sans répit entre l'espérance et la crainte, ils ont très naturellement l'âme encline à la plus extrême crédulité”.

Seul donc le libre usage de la raison c'est-à-dire la pensée libre leur permet une liberté de philosopher qui les met sur la route de ce qui est vrai en leur donnant la maîtrise de leurs désirs et en combattant leur crédulité au nom de la connaissance.

Aussi Spinoza résumera-t-il dans le chapitre vingtième : “Nous avons montré :

1. qu'il est impossible d'enlever aux hommes la liberté de dire ce qu'ils pensent ;

2. que cette liberté peut-être reconnue à l'individu sans danger pour l'autorité du souverain et que l'individu peut la conserver sans danger pour ce droit, s'il n'en tire point licence de changer quoi que ce soit aux droits de l'Etat ou de ne rien entreprendre contre les lois établies ;

3. que l'individu peut posséder cette liberté sans danger pour la paix de l'Etat et qu'elle n'engendre pas d'inconvénients dont la réduction soit aisée ;

4. que la jouissance de cette liberté donnée à l'individu est sans danger pour la piété ;

5. que les lois établies sur les matières d'ordre spéculatif sont du tour inutiles ;

6. nous avons montré enfin que non seulement cette liberté peut être accordée sans que la paix de l'Etat, la piété et le droit du souverain soient menacés mais que, pour leur conservation, elle doit l'être."

Je vous engage fermement à comparer ces conclusions de Spinoza avec celles des titres II et II des Constitutions d'Anderson concernant Dieu et la Religion et du Magistrat civil et subordonné.

Nous ne pourrons qu'y reconnaître le même esprit, avec plus de prudence certes, l'esprit non seulement de la liberté de conscience mais encore celui de la liberté de penser.

Cet esprit est celui de Locke dont la Lettre sur la Tolérance et le traité Du Caractère raisonnable du Christianisme tel qu'il est proposé par les Ecritures et conclut à une quasi religion naturelle et à l'affirmation morale, condition de la spéculation libre : "Faites aux autres tout ce que vous voulez qui vous fût fait à vous-même", formule morale que nous reprenons dans un de nos rituels.

Ainsi la Bible est posée comme Volume de la Loi Sacrée c'est-à-dire comme livre où la conscience éthique se retrouve, se ressource et non comme livre de la parole révélée sans pour autant interdire, loin de là, sa lecture comme parole révélée.

Nous touchons ici le point essentiel de la pensée maçonnique spéculative qui quitte en continuité la tradition opérative du métier juré des anciennes obligations pour affirmer que la libre disposition de notre raison à la découverte du sacré n'est possible que par un engagement éthique dont nous prenons le serment, en tant qu'homme" libre et de bonnes mœurs" sur le Volume de la Loi sacrée, source du Droit qui donc ne saurait se réduire à une constitution puisque cette constitution doit fonder sa légitimité dans une source sacrée fondant à la fois la dignité du sujet en quête et le sens de cette quête et encore moins dans un livre blanc qui ne saurait affirmer la liberté de penser et d'interpréter puisqu'il n'y aurait là rien à interpréter.

Nous retrouvons ici l'un des principes que Spinoza dégage de sa lecture de la Bible : "le culte de Dieu et l'obéissance à Dieu consistent en la seule justice et charité." Par la libre philosophie et par la libre quête du sacré qui se veut une forme supérieure de la foi, le sage est sur la voie de la connaissance des principes et peut agir pour le bien de l'humanité par une spéculation libre et éclairée.

En resituant historiquement par rapport au mouvement général de la pensée la naissance de la Franc-Maçonnerie spéculative, nous nous apercevons qu'elle transforme la tradition du métier juré des anciennes obligations de la maçonnerie opérative liée à la construction de l'édifice matérielle s'enracinant, comme le montrent les différents textes à notre disposition, dans une perspective chrétienne et catholique en une quête spéculative fondée à la fois sur la recherche d'une transcendance faisant sens et sur la liberté de penser, signe de la dignité du sujet humain pour autant qu'il travaille à la recherche de ce sens.

Certes, ce mouvement était déjà amorcé par la maçonnerie acceptée mais il devient irréversible avec la maçonnerie andersonienne et la maçonnerie purement spéculative.

L'avenir de cette tradition reprise au XVIIIe siècle semble avoir voulu s'inscrire dans deux directions : la première insistant sur la quête de la transcendance, l'autre sur la liberté de penser.

La première aurait donc tendance à retourner à un symbolisme strict par delà les *Constitutions d'Anderson* et faisant signe aux *Anciennes Obligations*, l'autre mettant entre parenthèses la Bible se tourne vers le seul humanisme voire vers une désacralisation.

Il semble à mes yeux que ces deux tendances, habituellement signalées par les études maçonniques telles que celles de Ligou, en fait atrophient l'authentique démarche maçonnique qui, en particulier à la Grande Loge de France, se définit comme la prise volontaire d'un engagement moral et éthique sur les Trois Grandes Lumières, dont le Volume de la Loi Sacrée qui ne saurait être ici que la Bible, pour une recherche transformant l'errance de l'homme en une quête.

Il s'agit d'un double pari sur le sens transcendant et sur la liberté de penser.

Ainsi à mes yeux la tradition de la Grande Loge, parfois baptisée du terme maladroit de troisième voie, constitue la continuation de la tradition maçonnique la plus pure si on veut admettre qu'une tradition est en soi évolutive puisqu'elle s'inscrit et parcourt l'histoire.

Michel Barat

Guy PIAU

Né en 1930, initié en 1973, à la Loge "Cosmopolite" du Grand Orient de France, à VICHY, Guy Piau est membre fondateur des Respectables Loges "Fraternité Dionysienne", "Richard Dupuy" de la Grande Loge de France à l'Orient de Saint-Denis dont il fait partie depuis 1977, Guy Piau a été Grand Maître de la Grande Loge de France de juin 1988 à juin 1990.

<u>Bibliographie :</u>

- *Francs-Maçons, militants de l'humain,* Éditions du Rocher.
- *Tradition maçonnique*, Éditions Vega.

EXOTÉRISME, ÉSOTÉRISME

Paru dans PVI N° 102 - 1996

Pour révolutionner sa manière d'appréhender sa vie, le profane se lance à la recherche des chemins ésotériques de la franc-maçonnerie. Il en attend la découverte des secrets cachés aux intelligences ordinaires réservés à une élite avide de pouvoirs occultes.

Aussi il est souvent déçu parce que l'ésotérisme n'est pas un savoir caché par une volonté despotique élitiste. L'ésotérisme est une réalité enfouie au fond de nous-mêmes, cachée à notre propre entendement par notre exoterisme.

Guy Piau expose dans ce texte la progression initiatique du Rite Ecossais Ancien et Accepté pratiqué à la Grande Loge de France, qui commence de manière socratique à travailler sur la "connaissance de soi" dans l'état où nous sommes au moment présent, c'est-à-dire dans le présent où nous entreprenons notre démarche.

Il n'est pas question, au début de découvrir de l'ésotérisme, du caché, mais bien de prendre conscience de la réalité exotérique des mécanismes de nos fonctionnements ordinaires, de prendre conscience de ce qui cache notre profondeur humaine. C'est bien plus tard, au 18e degré, nous dit Guy Piau, que le chemin initiatique maçonnique aborde *"l'ésotérisme, la doctrine secrète, la science sacrée, celle qui est connue et pratiquée par ceux qui ont reçu l'initiation sacerdotale."*

Aussi ce texte nous renvoie-t-il à la méthode progressive de la découverte de notre Être caché et de l'usage nécessaire des symboles et des rituels comme langage d'éveil particulier qui part de l'exotérisme pour étendre notre conscience jusqu'à l'ésotérisme profond du sens de la vie.

A. P.

EXOTÉRISME, ÉSOTÉRISME

Aborder la question de l'ésotérisme au premier degré du rite écossais ancien et accepté, c'est-à-dire au grade d'apprenti, qui est celui du jeune adepte qui ne sait ni lire ni écrire, est essentiel et devrait être toujours inclus dans l'enseignement que le deuxième surveillant a la charge de donner aux nouveaux initiés.

En effet, il est nécessaire que l'apprenti puisse parfaitement situer et orienter sa particulière démarche au sein d'un ordre qui prétend lui permettre d'accéder à la connaissance. "Connais-toi toi-même et tu connaîtras Dieu", tel est le travail ordonné qui est proposé à l'adepte afin de lui permettre de se conduire dans la voie initiatique traditionnelle qui est celle de l'ordre maçonnique.

Bien que l'enseignement du premier degré n'ait pas de prétention ésotérique, les symboles qu'il découvre et les outils qu'il confie à l'apprenti, ouvrent la voie à une lecture ésotérique – La recherche et la réflexion ésotériques ne se manifestent pas dans les premiers degrés ; ce n'est que plus tard, au 18e degré, que l'ésotérisme devient l'art royal.

Cependant, l'apprenti s'interroge et interroge les maîtres au sujet du secret maçonnique, sans cesse proclamé dans les rituels et cérémonies. Un sens caché, un ésotérisme se manifeste à lui dans son absoluité inconnue. S'agit-il seulement de cacher nos pratiques à l'égard des profanes ? S'agit-il de taire nos travaux, alors même qu'il nous est recommandé de "répandre au dehors l'œuvre commencée dans le temple" ? S'agit-il de nous dissimuler, de nous protéger, comme au temps des premiers disciples du Christ ou pendant les périodes de persécution ? Si le secret n'était que cela, notre institution ne serait pas un ordre initiatique, une société secrète (sacrée).

Parce que le secret est sans cesse évoqué dans nos écrits comme dans nos paroles, l'apprenti pose la question : la franc-maçonnerie est-elle un ésotérisme ?

A cette question fondamentale, une réponse doit être donnée. Il importe de définir l'ésotérisme, de montrer que l'exotérisme et l'ésotérisme se complètent sans jamais s'opposer bien que se situant sur des plans (niveaux) différents, qu'il existe une écriture et une lecture ésotériques indépendantes l'une de l'autre.

Au commencement il y a toujours un sens, une signification. D'une manière générale et usuelle, l'ésotérisme est la doctrine secrète réservée aux seuls adeptes, incompréhensible aux personnes non initiées. Le mot vient du grec, constitué de ESO qui signifie au-dedans, science de l'intérieur, du caché et de TER qui marque une opposition, s'oppose au dehors.

L'étude étymologique conduit au rapprochement entre les mots “secret”, “sacré”, “sacerdoce”, “saint”, “sanctuaire”.

Avec le latin “secreto”, nous avons les mots “secretum” : lieu écarté ; “secretus” : à part, distinct ; “secretarium” : sanctuaire, lieu sacré.

Avec le latin “sacer” qui signifie : saint, sacré, vénéré, auguste, se constituent les mots : sacré, saint, sacerdoce.

Nous discernons à travers cette démarche étymologique, le lien entre ce qui est secret et ce qui est sacré, saint. L'ésotérisme, la doctrine secrète, est aussi la science sacrée, celle qui est connue et pratiquée par ceux qui ont reçu l'initiation “sacerdotale” (cf. les mystères d'Eleusis : les prêtres, les philosophes).

Ainsi, la définition de l'ésotérisme prend un sens, une signification ; elle induit le nécessaire travail de l'adepte pour accéder aux degrés supérieurs de l'initiation. Elle introduit l'idée qu'il ne peut être envisagé qu'une communauté d'hommes soit un ordre initiatique s'il ne se manifeste pas en son sein une pratique et un langage ésotériques ainsi qu'une hiérarchie sacerdotale.

Pour éclairer ce propos, essayons de trouver ou de retrouver pourquoi, au sein de l'église catholique, apostolique et romaine, les prêtres sont en noir, les évêques en violet, des cardinaux en rouge et le pape en blanc. Ce point ne sera pas développé ici, mais il convient que chacun y réfléchisse.

Pour Pythagore, l'ésotérisme c'est la philosophie (science de la sagesse), la tradition initiatique. Pour les Hermétistes, il est la doctrine secrète et, pour les Gnostiques : l'ésotérisme est la gnose c'est-à-dire la connaissance en soi.

Aucune de ces significations n'est de nature à nous surprendre, à heurter notre conscience. Si nous sommes venus travailler en loge c'est pour accéder à la connaissance, connaissance de soi, connaissance des choses : du monde, connaissance du monde, connaissance de l'ordre du monde.

Lorsque nous sommes assemblés en loge, que les travaux sont ouverts selon le rituel d'ouverture, l'espace que constitue le temple est devenu sacré. Il existe bien à ce stade une démarche ésotérique, un mystère, au sens antique du terme. Qu'importe les mots, qu'importe le lieu, un processus ésotérique a créé l'événement qui pourra se reproduire à l'infini : la constitution d'un espace et d'un temps sacrés.

Cette connaissance que le franc-maçon vient quérir en sa loge ne peut être placée sur le même plan que les connaissances auxquelles il peut accéder dans les institutions et la vie profanes. Aujourd'hui, la loge maçonnique ne peut se comprendre et n'a de légitimité que dans la mesure où elle est le lien par lequel l'homme trouve les fondements et les outils d'un véritable travail initiatique. Si la loge devait fonctionner comme toute autre communauté, espace de réunion d'éducation, d'enseignement, d'échange et de confrontation, n'être qu'une fratrie, elle ne serait qu'un cadre de la vie sociale, certes favorable à l'épanouissement de l'homme, mais sans spéciale originalité ni âme particulière. Ce système de référence et de communication sensible qu'il est difficile d'expliquer, que nous nommons l'égrégore et qui distingue l'assemblée maçonnique de toute autre association, n'a de sens que si nous admettons que la fonction de la loge est de construire le temple de chaque franc-maçon, de reconstruire l'homme, de l'élever vers l'état d'homme véritable, puis transcendantal et parfait, ainsi que l'a bien noté René Guénon, de le faire accéder à la lecture ésotérique pour exprimer sa compréhension du monde et au-delà de cette compréhension un état de connaissance.

R. Schwaller de Lubicz, dans ses propos sur “Esotérisme et symbole”, observe que l'ésotérisme est l'aspect spirituel du monde inaccessible à l'intelligence cérébrale.

On peut retenir cette définition pour caractériser la séparation du dehors (exo) avec le dedans (eso), l'apparent du caché (secret), la surface des profondeurs, lorsqu'il s'agit d'appréhender, de saisir, de connaître le monde, son ordre, dans ses multiples dimensions et expressions. Cette séparation cependant ne saurait conduire à une opposition, à la négation de l'un des aspects de la réalité, car celle-ci est tout à la fois un ordre matériel et un ordre spirituel. L'homme, qu'il soit au centre ou qu'il soit à tout autre point de la sphère imaginaire, que constitue la création, participe des deux ordres, il est autant matière qu'il est esprit et la question n'est pas de savoir lequel de ces deux "réels" tout aussi surréels l'un que l'autre, est antérieur à l'autre, mais de concevoir et de développer les voies qui favorisent l'accès à la connaissance des réels (du monde).

Ainsi, par la voie de la raison, de l'intelligence que Schwaller de Lubicz qualifie de cérébrale, la voie exotérique (celle des dehors), l'homme s'attache à pénétrer le contenu matériel du monde, dans ses détails comme dans ses principes et son organisation, il le dénombre, l'analyse, le mesure, le décrit, le détaille, le reconstruit, le transforme, l'anime, le corrige, le découvre, l'invente. Grâce à ses facultés d'abstraction, il suppose l'univers spirituel, l'imagine, l'apparente à son système de reconnaissance, à ses repères, le conceptualise, l'organise, le hiérarchise, le sacralise, le rend visible. Toutefois, cette démarche exotérique a des limites qui sont celles du cadre dimensionnel qui borne le champ de la vision de l'homme, celles de l'horizon spatial et temporel qui ferme l'approche strictement rationnelle, cette ligne qui constitue la ligne apparente de la sphère imaginaire du monde connu et même si cette ligne se déplace (Ptolémée, Copernic, Galilée, Newton, Einstein), la connaissance de l'univers par les processus exotériques, rationnels, demeurent incomplète. Elle ne concerne que "l'en-dedans" de cette sphère imaginaire (on peut la conceptualiser sous la forme et l'apparence d'un ballon qui se gonfle indéfiniment dans un espace invisible, donc inconnu et paraissant inexistant).

Pour connaître les "au-dehors" (expression bien préférable à celle de l'au-delà, couramment utilisée), connaître et penser les mondes inconnus, intérieurs et extérieurs, la voie ésotérique nous est suggérée.

Elle se fonde sur la mise en action de l'intelligence intuitive, de la sensibilité profonde, voire de l'inspiration, qui dépassant la démarche rationnelle, sans refuser l'apport de la raison mais en en intégrant certains aspects, s'élèvent au-dessus du visible, de l'apparent, du concret, de la lettre, du mot, afin de concevoir l'idée de pénétrer le sens profond, de communiquer avec ce qui constitue le monde perpétuel et éternel : l'esprit.

Certes, tout ce qui a trait à l'esprit, tout ce qui constitue l'ordre spirituel n'est pas ésotérique, mais l'ésotérisme est l'état supérieur du spirituel, le sacré (secret).

On peut dès lors exprimer le sens de la voie ésotérique par une formule simple mais forte : l'homme parle et l'univers dit. L'ésotérisme intervient lorsque le "dit" de l'univers ne peut être lu par les mots qui constituent la parole courante de l'homme.

La référence à un langage, nous conduit tout naturellement à envisager la question de l'ésotérisme, plus prosaïquement, au plan de la communication.

La communication est le transfert d'informations entre un émetteur et un récepteur, à l'aide de messages.

Ces messages sont mis en forme par l'émetteur grâce à une opération de codage et sont identifiés par le récepteur grâce à un décodage ; ces deux opérations ne peuvent s'effectuer que si le code utilisé par l'un et l'autre est commun aux deux : (langue – cryptographie, sténographie).

S'agissant de la langue, Platon s'interroge longuement dans le Cratyle, sur la justesse des mots. Il renvoie dos à dos deux protagonistes dont l'un prétend que les mots naissent d'une "convention" et l'autre qu'ils tiennent leur signification du lien qu'ils ont conservé avec la nature (la création – l'idée). Refusant l'alternative, Platon conclut qu'il faut aller aux choses mêmes sans les mots, c'est-à-dire méditer sur les idées, sur les modèles intelligibles.

Ainsi se définissent un langage exotérique et un langage ésotérique. Pour Ferdinand de Saussure (1857-1913.), fondateur de la linguistique moderne, la langue est un système de signes distincts correspondant à des idées distinctes ; les signes sont cependant toujours arbitraires. Il n'y a aucune raison d'appeler une pomme, pomme et le mot "pomme" peut toujours évoquer autre chose que la pomme, fruit du pommier, exprimer une idée, une pensée.

Ferdinand de Saussure admet que le langage, écriture, lecture, moyen d'expression, de communication de la pensée, a une fonction symbolique; la théorie de la fonction symbolique du langage a été, depuis lors, développée par des linguistes qui furent les élèves de Ferdinand de Saussure: les hommes ont le pouvoir d'utiliser certains phénomènes perceptibles (les signifiants) pour évoquer, qualifier, signifier d'autres phénomènes, non observables, ici et maintenant (les signifiés).

Le langage est l'instrument de la pensée. Mais comment peut-on concevoir la pensée, la définir. Comment pense-t-on le monde?

Platon suggère que la pensée n'a de prix que si l'on peut enseigner des élèves pour penser. La pensée ne peut être égocentriste; toute pensée enfermée devient "néant". On peut en déduire que la pensée est d'abord "tradition". Elle s'exprime pour faire durer ce qui se perd, pour rendre réel ce qui ne fait qu'exister. La pensée est dépositaire d'un sens.

De quel sens s'agit-il? Du sens du monde (cosmos et logos). Ce monde est un ordre. C'est un domaine qui ne possède ni haut ni bas, ni droite, ni gauche. Cependant l'homme n'en conçoit rationnellement que la partie, toujours mobile, qui est limitée par un haut et un bas, une droite et une gauche, la partie formée par la profondeur de son regard cérébral (la sphère imaginaire). Dans le domaine du monde, le dehors et le dedans de la sphère, se distribue ce qui a un sens. Cette distribution est un mélange d'ordre et de désordre. En haut et au-delà, est le divin; en bas, est le pesant, le lourd (l'ordre matériel). L'homme participe de l'esprit (la raison) et de l'ordre matériel. Sa vision de celui-ci est exotérique; celle de celui-ci s'étend à l'ésotérisme.

L'ésotérisme se manifeste au niveau de l'écriture. Il existe les modes ésotériques d'écriture: volontaire et obligé (les textes alchimistes, le Cantique des Cantiques, l'Apocalypse de Jean), conscient et subsidiaire (les livres sacrés); subconscient et inspiré (les Centuries de Nostradamus).

L'ésotérisme se manifeste au niveau de la lecture. Il est des textes ésotériques par essence, dont la lecture ésotérique est seule susceptible d'en percer la pensée profonde (*le Livre d'Enoch, l'Odyssée, l'Iliade*...). Il est des textes ésotériques par fécondation spirituelle (*le Petit Prince* de Saint Exupéry, *le Voyage au centre de la terre* de Jules Verne).

L'initié ne peut se complaire à une lecture purement exotérique (profane) des textes sacrés. Il est une lecture ésotérique, par exemple, des paroles du Christ "Laissez les enfants venir vers moi et ne les empêchez pas ; car c'est à leurs pareils qu'appartient le royaume de Dieu) (Mathieu 19.13 ; Luc 18.15 ; Marc 10.13)" ; le franc-maçon ne peut limiter sa compréhension de la complainte de Fabre d'Eglantine : "Il pleut, il pleut bergère, garde tes blancs moutons" à sa seule résonance d'une ronde enfantine.

Pour conclure, il nous paraît possible de proposer aux apprentis (premier degré du rite écossais ancien et accepté) une méditation ésotérique sur le triangle : liberté, égalité, fraternité, qui est la devise de notre ordre.

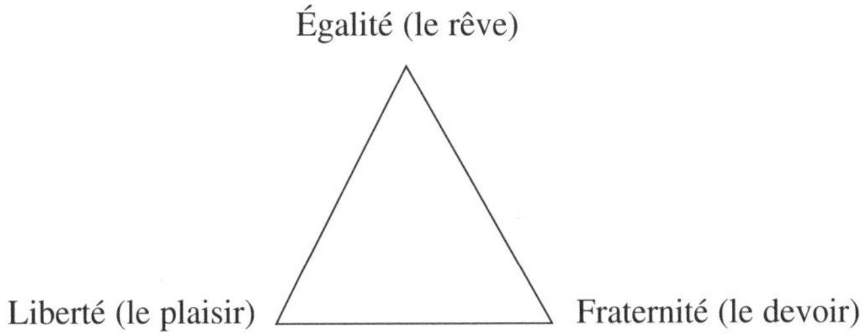

La liberté et la fraternité sont les bases du triangle ; la liberté s'identifie à l'individu (l'un), la fraternité s'identifie à la communauté (le multiple).

L'égalité constitue la pointe élevée du triangle, ce vers quoi l'homme élève sa quête initiatique en cherchant à concilier l'un et le multiple, le plaisir et le devoir, pour réaliser le rêve.

L'aboutissement de cette quête établit l'homme dans la perfection, lui assure l'épanouissement

Guy Piau

Henri TORT-NOUGUES

Né en 1921 Henri Tort-Nougues a été professeur de philosophie. Initié en 1949 à la Respectable Loge "Echo" du Grand Orient de France il est devenu membre de la Respectable Loge 134 "L'Union des Peuples" de la Grande Loge de France à l'Orient de Paris, et a été Grand Maître de la Grande Loge de France de juin 1983 à juin 1985. Il est décédé le 20 mars 2001.

Bibliographie :

- *L'Idée maçonnique,* Éditions Guy Trédaniel
- *L'Ordre Maçonnique,* Éditions Guy Trédaniel
- *Lumière et Secret de la Franc-Maçonnerie,* Éditions Guy Trédaniel
- *Figures de francs-maçons de la Grande Loge de France,* Éditions Guy Trédaniel

LE TEMPLE MAÇONNIQUE, SYMBOLISME ET INITIATION

Paru dans PVI N° 59 - 1985

Dans ce texte à la fois philosophique et moral, marqué par sa grande érudition philosophique, Henri Tort-Nouguès pose une question essentielle, qui fut d'ailleurs une de celle à laquelle il s'est affronté, en tant que philosophe, tout au long de sa vie.

Cette question touche aux relations entre le déterminisme naturel et la liberté humaine.

Elle est la suivante : dans le cadre du fonctionnement déterministe des lois de la nature (que ce soit celui rigoureux de la mécanique classique, ou celui plus sophistiqué qui intègre l'aléatoire dans ses principes…) l'Homme peut il exercer une liberté – et donc une responsabilité – qui lui permettrait d'envisager la construction de soi par soi et une ouverture aux autres affranchis de ce déterminisme ?

Autrement dit, dans un univers de liberté limitée par les lois naturelles, dans lequel sa propre autonomie ne lui est pas acquise, l'être humain peut-il librement décider de construire sa liberté et, pour y parvenir, de mettre librement en œuvre les ressources de son intelligence et de sa volonté ?

Question qui résume d'une certaine manière un point essentiel de la démarche maçonnique et à laquelle Henri Tort-Nougués, en Franc-Maçonnerie de la Grande Loge de France, n'a évidemment pas donné une réponse de type matérialiste.

Dans un passage fortement marqué par les accents kantiens d'un arrachement aux particularismes de la nature, inspiré par la morale de l'impératif catégorique, il nous démontre que "l'initiation veut nous restituer le sens de cette dualité… dans l'homme entre ce qui est nature et nécessité et ce qui est esprit et liberté".

Car si l'ordre cosmique est déjà là (même s'il intègre une part d'indéterminisme, c'est un fait d'évidence, naturellement donné) l'Homme lui, n'est pas uniquement de l'ordre du fait mais aussi de l'ordre de l'idéal à atteindre et de la volonté à mettre en œuvre pour y parvenir, car "il est à conquérir et à créer".

Et si l'objectif de l'initiation est symboliquement pour chacun de passer de la pierre brute à la pierre taillée, c'est à dire de transformer soi-même et le monde en fonction de valeurs par rapport auxquelles il convient d'ordonner son action, sa finalité ultime est bien "moins de faire des objets que des hommes" en donnant à chaque Franc-Maçon une méthode pour y parvenir.

Volonté de se construire et de construire par conséquent.

Et le Temple maçonnique apparaît ici comme le lieu de cette construction, en tant qu'il symbolise un univers structuré, un ensemble ordonné et tourné vers la lumière, un espace sacré où le Franc-Maçon peut passer du chaos initial de ses passions à l'ordre de l'initié qui s'accomplit, de l'ombre à la lumière, de sa servitude à sa liberté personnelle, qui par un effet dialectique nourrit la liberté de tous les autres, engagés dans le même projet.

Temple peuplé d'outils et de symboles – signes visibles de l'invisible – qui rappellent au Franc-Maçon – et à l'Homme – qu'il ne devient véritablement lui-même que par le Travail, intellectuel, moral et spirituel, par lequel il accède à son humanitude, et au-delà de lui-même, à l'humanité dont il est une part sans doute infime mais essentielle, et solidaire.

Par une évocation explicite de ce décalage existant entre la conception scientifique d'un monde désenchanté par la technique (tel qu'en ont parlé Martin Heidegger, Max Weber ou encore Hans Jonas) et la conception traditionnelle ou poétique que l'on peut atteindre dans l'initiation, Henri Tort-Nouguès achève son propos en soulignant le paradoxe cruel de la civilisation occidentale qui a donné à l'Homme, grâce à la puissance des technosciences, tout pour vivre mieux… mais qui ne sait lui dire comment y parvenir, car si les êtres humains sont indiscutablement plus savants et plus puissants aujourd'hui qu'ils ne le furent hier, ils ne sont pas (encore ?) pour autant devenus plus justes ni plus sages.

A. G.

Le temple Maçonnique Symbolisme et Initiation*

On peut aborder l'étude de la Franc-Maçonnerie de plusieurs points de vue. On peut partir de l'histoire, rechercher les origines de la Franc-Maçonnerie ; considérer son devenir et décrire sa situation actuelle. On peut aussi, comme nous l'avons fait l'année dernière, étudier “La Règle et les Principes de la Franc-Maçonnerie traditionnelle” et dégager leur philosophie. On peut aussi, et c'est cela que nous voudrions faire aujourd'hui, procéder selon une méthode que je nommerai “phénoménologique”, c'est-à-dire en partant de la description du Temple maçonnique lui-même, tel qu'il se présente à un regard qui le considérerait d'abord en dehors de toute conception historique et philosophique posée a priori, pour en tirer ensuite la ou les significations et montrer que cette apparence contient son essence et sa finalité, en liant l'idée du Temple lui-même à l'idée de l'initiation et du symbolisme, enfin à l'idée de l'homme dans sa situation existentielle et sa destination spirituelle.

Le Temple maçonnique, semblable en cela à ceux de toutes les religions du monde, représente symboliquement l'univers. Il est, selon l'expression que l'on trouvait sur le fronton du Temple de Ramsès II, “semblable au ciel dans toutes ses parties”. En effet, si nous entrons dans un Temple maçonnique, ce qui nous frappe au premier abord c'est qu'il figure la voûte étoilée, que le soleil et la lune sont symboliquement représentés à l'Orient, qu'il va de l'Orient à l'Occident et du Zénith au Nadir, et qu'est également symbolisée l'alternance du jour et de la nuit, ou si l'on préfère, des ténèbres et de la lumière. Et

* Conférence prononcée dans le cadre du “Cercle Condorcet-Brossolette”.

l'ouverture rituelle des travaux d'une Loge juste et régulière consiste justement à faire passer ce lieu des ténèbres à la lumière en l'illuminant progressivement. Le Temple maçonnique symbolise donc l'univers, c'est-à-dire une totalité, un ensemble, mais un ensemble qui a une structure, qui manifeste un ordre, c'est-à-dire un “cosmos”. Et les historiens nous rappellent que ce serait Pythagore qui aurait donné ce nom de “cosmos” à l'univers à cause de l'ordre qui y règne. Le Temple apparaît donc comme un ensemble structuré et ordonné. De plus, il circonscrit un espace qui est sacré. L'étymologiste nous indique que le mot “Temple” viendrait du mot grec “Temnô” qui veut dire “découper”, “séparer”, “couper en séparant”, et que le “Temenos” est une portion sacrée de l'espace cosmique.

Le Temple maçonnique est un carré long, nous disent nos vieux rituels. Or, nous savons que dans les anciennes cosmogonies, le carré représente la terre par rapport au ciel qui, lui, est représenté par le cercle. Et si l'on nous objecte que le ciel lui aussi fait partie de l'univers, ce qui est exact, il faut ajouter que le Temple visible symbolise l'univers créé par rapport à ce qui est incréé, le Temple invisible ou, en dernière limite, au créateur lui-même.

Ajoutons que dans les philosophies traditionnelles, il y a le plus souvent analogie entre le cosmos et l'homme qui est à son tour considéré comme un temple, car il y a relation étroite entre le macrocosme (l'univers) et le microcosme (l'homme lui-même). Le poète grec Pindare remarque que “l'homme a quelque rapport avec le cosmos et les dieux par son corps et par son esprit”. Et dans le moyen âge chrétien, à l'église carrée “ad quadratum” correspond “l'homme carré”, c'est-à-dire l'homme bras étendus et pieds liés.

Le Temple maçonnique, entre autres, nous présente l'image d'un carré surmonté par un cercle. Cette superposition du cercle au carré montre la relation entre le ciel et la terre, le transcendant et l'immanent, elle est “l'image dialectique entre le terrestre où l'homme se situe et le céleste transcendant auquel il aspire”.

Or, cet ensemble cosmique, structuré, ordonné, orienté, est, pour les anciens, un modèle, un archétype, que l'homme doit s'efforcer d'imiter. Sophocle nous le rappelle, dans sa tragédie “Ajax” : “L'ordre du cosmos” peut être pour “âme, un modèle”, et Socrate nous dit que “l'âme aussi doit être bien ordonnée (Kosmos Ekousa), car l'ordre du monde est beau et pour cela objet de contemplation, d'admiration esthétique, et l'ordre du monde est juste et pour cela objet de vénération".

Pour comprendre ces conceptions et ces idées, qui étaient celles des maçons opératifs et qui sont souvent celles des maçons spéculatifs, il faut sans doute nous défaire de la conception du monde que la science moderne a façonnée en nous et selon laquelle l'univers n'est que la conséquence d'une nécessité causale et purement matérielle. Pour beaucoup de grecs, en particulier pour les pythagoriciens et pour Platon, l'univers lui-même est le fruit d'une justice. Celle-ci, en effet, est placée au centre du monde comme une puissance qui le dirige et le maintient et a laquelle tout doit obéissance. Paul Valéry, dans son poème "Le cimetière marin", retrouve, semble-t-il, cette idée quand il écrit: "Midi le juste y compose de feux..." ici le soleil immobile au milieu du ciel suggère l'idée de la Souveraine Puissance ordonnant l'univers tout entier et ses différents éléments. Prolongeant sa méditation il affirme aussi:

"Midi là-haut, midi sans mouvement
"En soi se pense et convient à soi-même,
"Tête parfaite et parfait diadème"
l'univers donnant ainsi l'image de la perfection.

Aussi l'ordre humain, dans la Cité comme chez l'individu, doit donc se calquer sans doute sur l'ordre cosmique, mais celui-ci n'est que la traduction d'un autre ordre: celui de la justice elle-même. De même qu'il y a une loi qui règle l'ordre et les mouvements du ciel, de même il doit y avoir une loi qui règle les rapports entre les hommes dans la cité, et une loi morale, fruit de la sagesse qui doit ordonner l'individu lui-même.

Cette loi est définie par les justes proportions entre les éléments constitutifs de chaque être, de chaque ensemble, que ce soit l'organisme vivant, l'homme, la cité, ou même l'œuvre d'art. Et ces justes proportions s'expriment par le nombre, le nombre d'or. Le nombre d'or, ou divine proportion, traduit l'idée selon laquelle il y a une "commensurabilité", c'est-à-dire qu'il y a commune mesure, une correspondance, une analogie entre les parties composant un Tout et entre les parties et le Tout lui-même.

"Filles des nombres d'or
"Fortes des lois du ciel

“Sur nous tombe et s'endort
“Un dieu couleur de miel.
(Paul Valéry - Cantique des Colonnes).

A l'origine de ce rapport, de cette proportion, de cette harmonie, nous trouvons ce que les sages nomment “l'arété”, “la vertu”, “la vertu de chaque être qui ne vient pas du hasard mais est constituée par l'ordre que lui donne une structure et une belle ordonnance”. Platon (Georgias 504 A). Ainsi, ceux qui construisent des vaisseaux s'efforcent de mettre en ordre les divers matériaux dont ils disposent. Les architectes agissent de même. Ainsi, dans la cité, “l'ordre et la règle” s'appellent légalité, respect des lois, et c'est le respect de la loi qui fait les hommes justes et réglés. Enfin, pour l'homme, “son âme sera dite bonne quand elle sera réglée et ordonnée”.

Et peu à peu se dégage, se dessine le portrait du sage disons de l'initié, celui d'un homme qui s'efforce de faire régner la justice dans la cité et dans l'âme de ses concitoyens, d'y faire germer la tempérance sans laquelle il ne saurait y avoir d'harmonie dans la cité comme dans l'homme. Socrate résume admirablement cette philosophie quand il réplique à Calliclès : “Les sages disent que le ciel et la terre, les dieux et les hommes sont unis ensemble par la tempérance, la règle, l'amitié et la justice, et c'est pour cela qu'ils donnent à cet univers le nom d'ordre (le cosmos) et non de désordre et de dérèglement”.

*
* *

Nous disions, au début de notre propos, que le Temple maçonnique, symbole du cosmos, constituait un ensemble ordonné, et nous avons montré la signification de cet ordre cosmique pour l'ordre de l'homme. Ajoutons ici que ce Temple est orienté symboliquement à l'Est, “ad orientem”, c'est-à-dire vers la lumière, Nous ajouterions que s'il est ordonné c'est parce qu'il est orienté, c'est-à-dire que cet ordre représente, signifie une finalité. La lumière est à la fois ordonnancement du chaos initial et illumination ; elle précède le désordre et les ténèbres même si l'homme, lui, va du chaos à l'ordre et des ténèbres à la lumière.

Ainsi, la Franc-Maçonnerie nous apparaît à travers l'image symbolique du Temple, comme une vision et une affirmation d'un monde ordonné et orienté. Mais il y a à l'origine de ce cosmos, de cet ordre, un Principe, au sens étymologique du terme, c'est ce que tous les francs-maçons du monde ont nommé “le Grand Architecte de l’Univers”. Et, faut-il une fois encore le rappeler, les francs-maçons de la Grande Loge de France ouvrent et ferment leurs travaux rituels par l'invocation au Grand Architecte de l'Univers. Les représentations que les maçons opératifs du Moyen Âge ont laissé du Grand Architecte de l'Univers et de ses outils sont multiples, aussi bien dans la pierre que sur les vitraux. Car les outils étaient nécessaires à la construction de la cathédrale comme de tout édifice, et ceux-ci occupent une place très importante dans l'iconographie du Moyen Âge. Or, ces outils, la règle, l'équerre, le compas, le maillet, le niveau…, se retrouvent aujourd'hui dans le Temple maçonnique et sont au cœur de la philosophie maçonnique elle-même. Pourquoi ? Sans doute parce que les francs-maçons modernes, dits spéculatifs, veulent témoigner leur fidélité aux maçons du Moyen Âge dont ils se disent les descendants et les continuateurs. Mais sans doute aussi parce que les francs-maçons modernes veulent voir dans l'outil le signe de l'homme lui-même, ce qui manifeste parmi tous les êtres de la nature le signe de “l'humanité” disons plus simplement son caractère intrinsèquement humain.

Le Temple maçonnique est un univers peuplé d'outils et la réflexion sur les outils fait partie de la réflexion maçonnique ; les serments que prêtent les francs-maçons le sont sur l'équerre et le compas et sur le Livre Sacré qui, à certains égards, peut, lui aussi, être considéré comme un outil, un instrument traditionnel et spirituel, un instrument de connaissance (et pour certains de salut).

Les historiens et les philosophes ont fait remarquer que les premières apparitions de l'homme sur la terre coïncident avec la présence d'outils et que l'acte spécifiquement humain est d'abord celui qui témoigne d'une faculté de fabrication. “L'intelligence, a écrit Bergson, est la faculté de fabriquer des objets artificiels, en particulier des outils, et d'en varier indéfiniment la fabrication”. – (L'évolution créatrice) – L'homo sapiens a d'abord été homo faber. Le Temple maçonnique n'est pas un espace vide : il est habité par l'homme et ce sont les outils qui signifient sa présence, ajoutons que ces outils témoignent de la dimension intellectuelle et spirituelle de l'homme.

L'idée de l'outil, de l'instrument, nous serions tentés de dire l'idée d'instrumentalité, débouche nécessairement sur l'idée de travail. L'homme est l'être qui travaille et qui, par son travail, a su, peu à peu, maîtriser la nature elle-même. “Le travail t'oblige d'épouser le monde”, dit Saint Exupéry. Mais, dans le même temps où il permet de maîtriser la nature, le travail permet à l'homme de se maîtriser lui-même ; il s'agit, selon une expression d'Auguste Comte, “de rendre l'homme aussi régulier que le ciel”. Et il est vrai que la discipline que nous impose le travail nous permet de mieux nous dominer et de mieux nous construire. Aussi bien le franc-maçon qui symboliquement taille et sculpte la pierre brute afin de la rendre cubique en exerçant ses pouvoirs et son savoir sur la matière, l'exerce en même temps sur lui-même. Le travail permet de former l'objet travaillé et, en même temps, le sujet travaillant, tel l'architecte, Eupalinos, cher à Paul Valéry, qui dit “qu'à force de construire, il s'est construit lui-même”. Ainsi, le but ultime du travail est peut-être moins de faire des objets que de faire des hommes et on peut comprendre pourquoi les francs-maçons ont voulu toujours l'honorer et le placer parmi les vertus essentielles du franc-maçon et de l'homme. Il est une fois encore instrument de maîtrise, de conquête de soi, de régulation et d'ordre et, en même temps, de libération et de liberté.

L'homme au travail s'efforce de bâtir un édifice, de faire une œuvre qui réponde aux lois de l'équilibre et de l'harmonie. Nous retrouvons donc dans la philosophie maçonnique ces idées d'ordre, d'harmonie, que nous avions signalées au début de notre propos. Mais avec une différence importante. C'est que l'ordre cosmique est donné, il est “déjà là”, il est “fait”, il est un ordre que je peux m'efforcer de connaître et d'imiter, alors que l'ordre humain, l'ordre de l'homme, n'est pas donné, n'est pas fait, il est à faire, il est à bâtir, il est à conquérir et à créer, soit par une imitation de l'ordre cosmique lui-même, soit par une véritable invention de notre conscience. Tel l'acte de l'architecte, tel l'art royal qui a permis de créer et de bâtir l'œuvre.

L'architecture est caractérisée, a t-on dit, par cette lutte entre la pesanteur qui vient de la matière et l'élan qui vient de l'esprit et qui la porte vers la lumière ; en ce sens, on peut dire que l'architecture s'oppose à la nature et participe à la vie de l'esprit ; de même l'homme qui, à chaque instant, est obligé et tenu de lutter contre les forces des ténèbres pour s'efforcer d'aller vers la lumière et de la faire triompher sur les ténèbres. Or, le franc-maçon se veut, au sens symbolique, architecte, c'est-à-dire constructeur de son propre moi et de sa propre destinée et aussi de celle de ses frères et de celle de tous les hommes, de son élévation, de son perfectionnement. Et le Temple maçonnique est ce lieu qui, en principe et par définition, doit ou devrait permettre à l'homme, au franc-maçon, de passer du désordre à l'ordre, du chaos à l'harmonie, de la servitude à la liberté, des ténèbres à la lumière.

*
* *

Passer du chaos à l'harmonie, passer des ténèbres à la lumière. Soit, mais comment ? Par l'initiation, car c'est l'initiation qui fait de nous un franc-maçon, “La Franc-maçonnerie est une institution d'initiation spirituelle au moyen de symboles”. Qu'entend-t-on par initiation ? Qu'est-ce que l'initiation ? C'est, a dit excellemment Mircéa Eliade, “un ensemble de rites et d'enseignements qui veulent entraîner la modification culturelle, spirituelle et existentielle de l'homme”, ou, d'une manière plus savante, qui veulent provoquer “la modification ontologique du régime existentiel”. Par quel processus ? Toute initiation implique d'abord la mort symbolique du sujet à initier mais pour préparer une nouvelle naissance. Il s'agit de tuer en nous le vieil homme afin de faire naître l'homme nouveau. Mais l'homme ne saurait devenir un homme véritable, c'est-à-dire accéder à une existence libre et responsable, qu'après avoir surmonté un certain nombre d'épreuves, après avoir affronté un certain nombre d'obstacles. Aussi, l'initiation maçonnique, comme d'autres initiations, comprend une série d'épreuves rituelles et symboliques, épreuves de la terre, de l'eau, de l'air et du feu, subies par le sujet à initier, au cours de voyages symboliques eux-mêmes. La fonction de ces épreuves est de susciter une réflexion et une action qui doivent permettre à celui qui les subit de se dépouiller de ses préventions et de ses préjugés, de lui permettre, par une sorte de conversion de son intelligence, de son âme tout entière, de considérer “autrement” le monde, de changer la nature de son “regard” sur le monde, sur les autres, sur nous-mêmes. C'est une expérience existentielle fondamentale qui permet à l'homme de transformer sa manière de penser et d'exister et de l'assumer.

Ces épreuves signifient que l'homme ne peut se perfectionner qu'en se mesurant à des obstacles et en apprenant à les surmonter, que l'homme, une fois encore, ne peut se faire qu'en faisant. La vérité de l'homme est son action, la vérité de l'homme, c'est d'abord l'histoire de l'homme en train de se faire et de se conquérir. “Faire et non pas devenir”, a pu écrire le philosophe Jules Lequier, “faire et en faisant se faire”. Les épreuves de l'initiation sont affrontées au cours de voyages, voyages certes symboliques, qui nous suggèrent l'importance de la durée, du temps dans "accomplissement de l'être humain. Le thème même du voyage occupe, dans la littérature, une place prépondérante. Que "on songe aux voyages d'Ulysse dans l'Odyssée, à ceux de Pantagruel, aux voyages de Télémaque de Fénelon, au thème du voyage dans la littérature romantique, au roman de Goethe, "Les années d'apprentissage de Wilhelm Meister" qui nous montre son héros aux prises avec la vie et ne se découvrant et ne se réalisant que peu à peu ; au contact d'expériences douloureuses, montrant que la vie est un long itinéraire, un difficile apprentissage.

En passant de l'œuvre romanesque à l'œuvre philosophique, nous pouvons dire que dans son livre abstrait et difficile, "La phénoménologie de l'esprit", Hegel veut nous décrire à son tour une sorte d'odyssée de la conscience humaine qui cherche dramatiquement à se reconnaître comme esprit pour atteindre enfin le savoir, la connaissance, passant peu à peu et par étapes de la nuit à la lumière.

On pourrait évoquer aussi "Le banquet" de Platon. A la fin du dialogue, Socrate raconte qu'il est allé interroger Diotime de Mantinée. Celle-ci cherche à lui faire comprendre que l'amour lui-même est initiatique. Cette initiation se présente comme une sorte d'itinéraire, une ascension qui conduit l'homme par degrés de la considération et de la contemplation des beaux corps à celles des belles âmes, puis à celles des belles sciences, pour aboutir à la contemplation, à la connaissance du Beau lui-même, de ce qui est "Beau pour soi seul". Comme l'a écrit René Nelli, "L'amour platonicien représente un effort dialectique pour passer du monde sensible au monde des Idées, au monde Idéal".

Aussi, comme l'a si justement écrit Marcel Brion, "Tout voyage, qu'il opère dans le temps ou dans l'espace, qu'il ramène l'individu au plus profond de lui-même ou qu'il joue des dépaysements les plus éclatants, est une initiation", et il ajoute, "le progrès de la vie, le progrès du pélerin qui instruit l'homme de la nature de l'univers et de sa propre nature, qui le conduit au centre de son être ou le projette à tous les points circonférentiels de son devenir, additionne connaissance et expérience, modifie et métamorphose". Nous pouvons mieux comprendre l'importance des épreuves et des voyages symboliques que le franc-maçon est tenu d'effectuer dans le Temple avant de découvrir la Lumière.

Enfin, cette initiation se déroule dans un lieu sacré, dans un Temple, un lieu secret, clos, séparé du reste du monde par le rite. Elle implique la participation active de chaque individu car c'est à nous seuls, à nous seuls sans doute mais aidés et soutenus par nos Frères de la Loge, selon notre propre effort, notre patience, notre courage, notre volonté, notre intelligence et notre sensibilité, qu'il appartient de découvrir la vérité et la sagesse, de passer de "l'initiation virtuelle" à "l'initiation réelle".

*
* *

Cependant, comme l'a écrit notre Frère Jean Verdun: "A la différence des autres voyages, le voyage initiatique ne vise pas à révéler le déjà révélé mais à exercer l'intelligence du caché", Il s'agit, en effet, d'aller du manifesté au non manifesté, du visible à l'invisible, du créé à l'incréé, au-delà des "ombres de la caverne", au-delà "du miroir", comme l'Alice chère à Lewis Carrol. Et plus modestement de nous faire comprendre que la réalité tout entière n'est pas absolument présente dans la réalité manifestée, dans le visible et le sensible, dans ce que l'on a toujours nommé "le monde de l'apparence".

On pourrait ici se souvenir de ce qu'écrivait un illustre maçon, illuministe du XVIIIe siècle, Joseph de Maistre: "Tout se rapporte, dans ce monde que nous voyons, à un autre monde que nous ne voyons pas. Nous vivons dans un système de choses invisibles manifestées visiblement". Et cela est vrai du monde de la nature et du monde de l'homme, de la réalité naturelle et de la réalité humaine. Car peut-être la nature et surtout l'homme sont doubles. L'initiation veut nous restituer le sens de cette dualité, entre le créé et l'incréé, entre l'apparence et l'être et, dans l'homme, entre ce qui est nature et nécessité et ce qui est esprit et liberté. Oui, nous restituer un certain sens du caché et du mystère de l'homme lui-même (le plus grand mystère de l'homme étant sa liberté) et la dimension spirituelle de sa conscience ordonnée à ce qui le dépasse.

Or, cela même n'est-il pas aussi contenu dans l'idée de symbole et dans l'idée symbolique en général, ce symbolisme qui fait partie de la philosophie maçonnique? Or, le symbole est justement "ce qui représente autre chose en vertu d'une correspondance analogique", "il est un signe concret évoquant quelque chose d'absent ou d'impossible à percevoir". Nous savons que dans tout symbole il y a deux parts, ou deux parties, le signifiant, ce que je vois et que je touche, par exemple cette équerre et ce compas, et le signifié, la signification à laquelle renvoie le signifiant. Un symbole est “le signe visible de l'invisible”. Il permet à l'initié d'atteindre un plan qui est inaccessible aussi bien à la sensation qu'à la raison scientifique ou conceptuelle. Il offre un double enseignement : celui de rappeler le sens d'une réalité et d'indiquer les moyens pour y parvenir (M.M. Davy). Il est à la fois le signe d'une présence et le signe d'une absence et, en ce sens, il est semblable à la conscience humaine elle-même qui est en même temps conscience d'une présence et conscience d'une absence, “La présence de ce qu'elle saisit étant liée à la pensée de ce qui lui échappe”. Ainsi, le présent est pensé par opposition au passé et au futur ; le regret, la rêverie, le rêve, sont le témoignage que notre conscience ne saurait se satisfaire de la réalité et qu'elle la dépasse ; qu'elle cherche un “ailleurs”, un autre lieu, un autre temps, une autre façon d'exister, d'être, de vivre. “La pensée de l'absence est le signe que notre esprit est supérieur à tout donné et qu'il touche à l'infini” (Alquié).

De même dans le symbole, nous trouvons toujours un être fragmentaire qui est renvoi à un être complémentaire ; les êtres finis que nous sommes n'existent pas seuls, dans une sorte de solitude radicale, mais n'existent qu'avec les autres et par les autres. Ils n'existent qu'en relation avec l'humanité, qu'en relation avec le monde, avec le cosmos et avec la nature, qu'en relation avec ce qui est à l'origine de l'univers et des hommes. Nous sommes, nous hommes, des êtres symboliquement fragmentaires, des êtres finis et séparés, (“Quelle solitude que ces corps humains” dit un héros de Musset), mais, en même temps, reliés au cœur de cette séparation et au-delà de cette séparation à ce qui nous dépasse, dans l'espace et dans le temps.

Le symbolisme nous fait comprendre que le donné, le perçu, le visible, n'ont de sens que par cela qui n'est pas donné, par cela qui n'est pas perçu, par l'invisible lui-même. Et, en ce sens, il nous permet de mieux comprendre la véritable situation de l'homme, sa dimension “métaphysique”. Il permet de comprendre qu'il y a une double dimension des choses (“Objets inanimés, avez-vous donc une âme qui s'attache à notre âme et la force d'aimer ?” dit le poète) et des êtres ; que la réalité ne se réduit pas à ce qui est manifesté ; qu'il y a un être invisible et secret derrière les choses et à l'intérieur des hommes. Elle nous restitue le sens de l'être que la pensée technicienne nous a fait perdre.

L'idée d'initiation et l'idée du symbolisme sont complémentaires en ce sens que le symbole veut suggérer ce qui ne peut être positivement représenté, qu'il est l'image visible de l'invisible, donc postule une certaine réalité de l'invisible. Quant à l'initiation, elle est justement ce mouvement de l'âme tout entière qui doit l'amener à reconnaître la réalité de l'invisible, de ce qui est informulé parce qu'informulable mais qui cependant est.

*
* *

Au-delà, au cœur de la réalité, n'y a-t-il pas une "surréalité" ? Et cette surréalité, ne serait-ce pas à la poésie, à l'art lui-même de nous la faire découvrir ? "La poésie et l'art garderont toujours un faible pour tout ce qui transfigure l'homme dans cette sommation désespérée, irréductible que, de loin en loin, il prend la chance dérisoire de faire à la vie" – Breton – Arcane 17.

Lorsque les francs-maçons ouvrent rituellement leurs travaux, une de leurs invocations est consacrée à la Beauté ; "Que la Beauté l'orne". (Ici, je voudrais faire une remarque importante à mes yeux : j'ai toujours pensé que ce mot "orner" était trop pauvre car trop "extérieur", car la Beauté fait partie intégrante de l'œuvre elle-même, de sa substance, de son être, et je crois que le verbe "illuminer" traduirait mieux ce que signifie notre rituel). Pourquoi cette invocation à la Beauté qui pourrait paraître insolite ? Sans doute, là encore, parce que ces francs-maçons modernes se veulent les continuateurs des bâtisseurs du Moyen Âge et que ceux-ci ont toujours œuvré avec le souci d'édifier une œuvre qui soit belle.

Mais n'est-ce pas aussi parce que, au-delà de l'histoire et de la tradition, la beauté nous apparaît comme la médiatrice entre nous et l'absolu ?... N'est-ce pas parce que l'art, dont la fonction est de nous faire découvrir, de nous révéler, le Beau, apparaît, selon l'expression de Schopenhauer, comme "le clair miroir de l'être et du monde" ?

Notons ici que l'enseignement de la Bible rejoint celui des philosophes païens. En effet, il est dit, dans la Genèse, que lorsque Dieu créa le monde et qu'il le regarda, il le jugea parfait. L'œuvre des six jours était belle, le ciel et la terre et tout ce qui l'ornait. Et dans "Le Timée", Platon exprime la même idée quand il nous dit : "Si le monde est beau, c'est qu'il est imité d'un modèle éternel. Ce monde est la plus belle des choses devenues, c'est-à-dire que le démiurge a fabriqué le monde afin d'en faire une œuvre qui soit belle".

Dans le "Phèdre", Platon montre que la beauté incarnée "annonce un retour, une réminiscence de ce que l'âme humaine avait contemplé quand elle suivait le cortège des Dieux, c'est-à-dire la Beauté absolue. Et, plus près de nous, Hegel estime que "l'art est ce qui révèle à la conscience la vérité sous une forme sensible". Aussi, l'art participe à la recherche de la vérité, il est connaissance et pas seulement divertissement. "C'est également en présence de ce qui est beau que l'homme peut éprouver l'intuition de son humanité totale et par la beauté qu'il s'achemine à l'existence libre, par la beauté qu'il découvre les chemins de la liberté" (Schiller – "Lettres sur l'esthétique"). Un éminent théologien, Karl Barth, voulant souligner l'importance qu'il accordait à l'art, disait, dans une boutade apparente : "Si je devais aller au ciel, je m'informerais d'abord de Mozart et après seulement, de Saint Augustin, de Saint Thomas, de Luther et de Calvin". Oui, car la musique (comme la poésie, comme l'art) est irremplaçable, et sans doute aussi importante pour l'homme et pour la vie de l'âme et de l'esprit que les thèses des théologiens et les systèmes des idéologues.

Ainsi l'art, qui s'efforce de traduire la beauté, ne saurait être considéré seulement comme un passe temps, un divertissement, une sorte de jeu, mais comme activité essentielle. Et comme l'a admirablement écrit Ferdinand Alquié, "il se charge de l'espoir et apparaît, avec l'amour, comme le messager de l'attente de l'homme". Il nous restitue le sens de notre destinée et apparaît comme le moment suprême et la manifestation de l'esprit, le signe même de l'homme. (Philosophie du surréalisme).

*
* *

"Qui vive ? Est-ce vous, Nadja ?" questionne le poète. "Est-il vrai que l'au-delà, tout l'au-delà soit dans cette vie ?". Est-il vrai, serions-nous tentés d'ajouter, que notre vie, toute notre vie, notre vie. totale soit seulement dans cette vie ?

Ne faut-il pas dire, comme Rimbaud, que "la vraie vie est absente", ou, comme Breton, que "l'existence est ailleurs" ? Et ne faudrait-il pas ajouter, comme un écho, "que la vraie vie est à créer ! (J. Bousquet) ? Et quel sens donner à ces paroles mystérieuses ? Quel sens le franc-maçon d'aujourd'hui peut-il donner à cette interrogation ?

Le Temple maçonnique, dans sa structure et son organisation, obéit à la loi de l'ordre, de l'harmonie et de la beauté. Il est orienté vers la lumière. Il est le lieu où l'homme par l'initiation et la considération des symboles, s'efforce d'aller vers la vérité, vers la lumière. Il y a correspondance, analogie entre le Temple maçonnique dans son apparence, sa structure et sa finalité, et l'homme lui-même dans sa démarche, son itinéraire, dans sa situation existentielle et sa destination spirituelle. Le Temple a été pour les hommes modèle, archétype, symbole, L'est-il encore et peut-il l'être pour l'homme du XXe siècle ?

Nos sociétés modernes ont certainement changé sous bien des aspects mais ne sont-elles pas encore trop souvent la proie de la violence et de la guerre, de la barbarie ? Et l'homme du XXe siècle, notre contemporain, ne ressemble-t-il pas à "homme de tous les temps, à l'homme de toujours ? N'est-il pas encore ce prisonnier de la Caverne que Platon évoque et décrit dans son mythe célèbre ? Et celui-ci ne nous interpelle-t-il pas encore ? Socrate, en effet, dans "La République", nous demande d'imaginer des hommes enchaînés au fond d'une caverne obscure et tournant le dos à la lumière. "Représente-toi des hommes qui vivent dans une caverne souterraine,". Ces hommes sont semblables à nous. Ces prisonniers sont nos frères et, comme eux, nous sommes prisonniers du monde dans lequel nous vivons, prisonniers du chaos et de la nuit, de nos passions, de notre aveuglement et de notre ignorance, prisonniers de notre situation et de notre condition. Certes, nous vivons au sein de civilisations qui ont changé sous bien des aspects. Nous produisons plus de blé et plus de viande, plus de charbon et plus d'acier ; nous allons de plus en plus vite et de plus en plus loin. Nous avons multiplié par cent et par mille les productions humaines, et décuplé, centuplé notre savoir et notre pouvoir, nous sommes même allés sur la lune… Mais, aujourd'hui encore, des hommes meurent de faim, sont victimes de la guerre et de la violence, 'sont encore torturés, massacrés, privés de toutes les libertés. Et par un paradoxe étrange, cette civilisation scientifique et technique a donné des armes à la barbarie, l'a rendue plus impitoyable, plus meurtrière, plus terrible. Souvenons-nous qu'une civilisation "a la même fragilité qu'une vie", qu'elle est toujours en danger et qu'elle ne saurait se maintenir que par un effort de conscience et de volonté toujours renouvelé, par "une conquête continue de l'homme sur lui-même" (R. Caillois).

Oui, ne rêvons pas d'une “civilisation qui se ferait sans nous”, n'oublions pas que “chaque matin il faut remonter l'homme”, car “le vrai de l'homme, il faut le porter à bras” – (Alain).

Oui, nous sommes sans doute plus savants et plus puissants, mais sommes-nous plus libres, plus justes ! plus sages et plus heureux ? Les guerres civiles et celles qui opposaient royaumes à royaumes, nations à nations, les guerres religieuses, ont entraîné des malheurs considérables et fait des milliers de victimes. Mais que penser de nos guerres modernes provoquées par les fanatismes idéologiques du XXe siècle et qui ont entraîné encore plus de ruines et encore plus de morts ?

Quant à l'homme lui-même, sur le plan individuel, s'est-il tellement amélioré, a-t-il tellement changé ? N'est-il pas resté le même prisonnier de ses passions et de ses intérêts, de son désir de richesse et de puissance ? Ils sont encore légion aujourd'hui ceux qui ne veulent et ne savent ordonner leur vie qu'aux seuls biens matériels, et veulent avant tout devenir plus riches et plus puissants. Expliquons-nous. Il ne s'agit pas, pour nous, de tomber dans l'angélisme, Nous savons, de plus, que celui qui veut faire l'ange fait la bête. Et il faut reconnaître la légitimité d'un mieux vivre. Nul ne peut le contester. Mais il s'agit ici de se demander si l'homme doit et peut vivre uniquement sur un seul plan, celui de la richesse et de la puissance, celui de ce qu'on a appelé “l'avoir”.

Est-ce que l'on ne doit pas organiser sa vie, la sienne et celle des autres, en tenant compte d'autre chose et en l'ordonnant à d'autres valeurs, aux valeurs spirituelles, celles que nous proposent l’art, la musique, la poésie, les grandes religions du monde, les systèmes philosophiques, celles que propose aujourd'hui encore la Franc-Maçonnerie ? Ne faut-il pas apprendre à l'homme de notre temps à retrouver ces valeurs de l'esprit et à les reconquérir ? Et n'est-ce pas là le moyen qui lui permettrait de donner un autre sens à sa vie ?

Nietzche, dans son “Zarathoustra” s'interroge et, en même temps, nous interroge : “Où est ma demeure ? C’est d'elle que je m'enquiers, c'est elle que je cherche, que j'ai cherchée, que je n'ai pas trouvée…”.

Il semble que l'homme du XXe siècle n'a plus, lui aussi, de demeure et qu'il a perdu le souvenir d'un chemin qui pourrait l'y conduire. Il n'est plus qu'un voyageur sans but et sans espérance, sans âme, qu'un vagabond. Ne faudrait-il pas qu'il sache devenir un pèlerin, c'est-à-dire qu'il apprenne à découvrir un sens à son chemin, une fin à sa vie et à inventer une espérance.

Cet homme du XXe siècle, notre contemporain, notre frère, est comme le prisonnier de la Caverne platonicienne, tournant le dos à la Lumière et ne voulant pas, ne sachant pas se retourner vers Elle, la refusant et massacrant celui – le philosophe – qui s'efforce de l'éclairer et de l'illuminer. Comme le dit Jean dans son Evangile – et ce rapprochement entre la pensée de Platon et celle de l'évangéliste n'est pas fortuit –: “La lumière luit dans les ténèbres mais les ténèbres l'ont repoussée (ou ne l'ont pas connue)”. Oui, l'homme de notre temps, notre contemporain et notre frère, est cet étrange animal qui refuse la Lumière, qui refuse d'aller vers la Connaissance et l'Amour et de reconnaître la Vérité, la Beauté et le Bien.

Oui, où est notre demeure et où retrouver une demeure ? Pour le franc-maçon de la Grande Loge de France, cette demeure est le Temple maçonnique, le Temple maçonnique réel, image souvent voilée et parfois déformée du Temple maçonnique idéal. Cette demeure idéale n'est-elle pas la Loge visible, symbole de la Loge invisible ? Et cette Loge ne peut-elle devenir aussi la demeure pour l'homme du XXe siècle. Le lieu idéal et l'outil qui lui permettrait d'aller vers la vraie vie, celle qui se définit en termes de Beauté et d'Harmonie, d'Amour et de Connaissance, de Sagesse ?

Ordo ab chao

Fiat lux

Ces devises, sans appartenir en propre à la seule Maçonnerie écossaise, sont au cœur de sa philosophie et définissent son esprit. Elles traduisent la pensée des francs-maçons : elles traduisent aussi leur espérance. Car pour eux, la Loge juste et régulière. la Loge visible, image de la Loge invisible, le Temple maçonnique idéal est ce lieu merveilleux situé dans l'espace et dans le temps et à la fois hors de notre espace et de notre temps, où l'homme peut et doit renaître à une nouvelle vie, où le franc-maçon, par la recherche initiatique et la réflexion symbolique, peut et doit apprendre à passer du chaos à “ordre, des ténèbres à la Lumière, et à découvrir ce qui est à l'origine de l'ordre et de la Lumière. Le Grand Architecte de l'Univers.

Henri Tort-Nougues

Georges MARCOU

Né en 1923, Georges Marcou a été cadre dans l'industrie pétrolière. Initié en 1966 à la Respectable Loge "Le Réveil Ecossais" à l'Orient de Bordeaux, il a été Grand Maître de la Grande Loge de France de juin 1977 à juin 1978 et de juin 1981 à juin 1983.

LA FRANC-MAÇONNERIE, ESPÉRANCE DES HOMMES

Dans le premier texte (paru dans PVI N° 43),

Georges Marcou nous rappelle que dès l'origine de la Franc-Maçonnerie spéculative, ses membres ont participé au développement des progrès scientifiques, techniques et moraux de l'humanité.

Il en fournit un exemple en citant la réflexion menée, sous sa présidence, par les Frères de la Grande Loge de France sur les problèmes (déjà prévisibles en 1982) de la génétique dont le développement a décuplé la puissance prométhéenne de l'Homme.

Il poursuit par une réflexion sur la Tradition maçonnique et la nécessité, plus largement, pour une culture, de ne pas oublier ses racines car “il n’y a pas de civilisation qui puisse se perpétuer sans tradition”.

Pour Georges Marcou les initiés doivent aussi être hommes d'action : il ne s'agit en aucun cas de se lamenter sur les effets négatifs du progrès scientifique et technique mais de faire en sorte que si sa vitesse est telle qu'il peut en arriver à oublier l'humain, le travail de réflexion des Frères dans les loges peut contribuer à ce qu'il restent maîtrisables…

Dans le deuxième texte (paru dans PVI N° 45),

Georges Marcou présente le travail en Loge comme un moment de ressourcement fraternel, le Temple étant le lieu où chaque Franc-Maçon vient puiser dans les cœurs et les consciences de ses Frères, l'intelligence et l'énergie nécessaires pour retourner au monde poursuivre l'œuvre commencée et contribuer à sa transformation positive.

C'est l'occasion aussi pour l'ancien Grand-Maître de rappeler que dans une vie humaine, le malheur extrême peut parfois ressembler aux “profondeurs d’une nuit interminable” car il a vécu, dans les camps nazis, l'expérience fondamentale des limites des hommes lorsqu'ils perdent le sens et le respect intangible de l'humain, de leur abjection – toujours possible – et de leur bonté – souvent probable, qui vient parfois d'où on ne l'attend pas –.

Il s'est agi, pour lui, dans ce texte, de défendre les valeurs qui fondent l’humanité en l’Homme, pour contribuer à préserver les idéaux à la fois maçonniques et profanes de liberté, d'égalité et de fraternité.

Dans le troisième texte (paru dans PVI N° 48),

L'ancien Grand-Maître part du constat de l’insuffisance de tout concept de l'humain qui ne tend pas vers la redéfinition de l’Homme, et propose de réfléchir à cette redéfinition.

Il examine trois dimensions de l'Homme.

L’Homme social-politique, citoyen que nous sommes tous, que nous soyons engagés de manière explicite ou non dans la vie publique.

L'Homme spirituel, à la fois en tant que faisant partie d'un ensemble cosmique et en tant qu'il est en lien avec sa culture d'origine. Georges Marcou rappelle à juste raison l'héritage spirituel et culturel grec, judéo-chrétien et romain dont nous sommes tous les dépositaires.

L'Homme universel enfin, citoyen du monde, pour lequel ce qui est commun à tous est plus important que les cultures qui distinguent ou qui parfois opposent.

Cet Homme là n'existe que de façon abstraite sauf s'il prend la décision de se construire.

Il y a là une référence à cette universalité postulée par des philosophes du 18ème siècle, universalité certes abstraite, mais qui seule est en mesure de garantir la reconnaissance de chaque être humain comme appartenant à la famille humaine, quelle que soit sa culture, ses convictions, ses croyances, ses origines. Cette construction trouve dans les Temples un espace idéal de réalisation.

La réflexion se clôt par le concept essentiel de "volontés éclairées" qui rendent possible l'idée d'une action sur soi et sur le monde, rapportée à des connaissances et des valeurs morales.

Car agir ne suffit pas ; encore faut il savoir dégager préalablement les finalités sur lesquelles l'action doit se régler, pour être à la fois efficace et juste (on peut revoir à ce sujet ce qu'en disait Blaise Pascal).

C'est là un thème essentiel de la pensée occidentale, dans lequel la démarche des Franc-Maçons se retrouve naturellement : la volonté de l'Homme lui ouvre le champ immense de l'action, mais elle doit être éclairée par la connaissance pour s'orienter.

A. G.

La Franc-Maçonnerie, Espérance des Hommes

PVI N° 43

Les Francs-Maçons de toutes les époques ont été avant tout des hommes conscients de leurs devoirs dans la construction du devenir des hommes. Ils l'ont montré plus particulièrement dans les périodes difficiles parce qu'ils ont toujours eu le souci, dans la loge, de précéder l'évolution sociale. Ils ont été en avance sur leur temps, dessinant les premiers les lignes de réalisations humanistes qui, bien au-delà de leurs propres préoccupations, ont permis le progrès de l'humanité.

Ils ont médité sur leur condition d'homme, et ils ont su également peser les valeurs traditionnelles, réfléchir à l'évolution nécessaire de l'ordre social, définir une morale pour leur temps, préciser et développer les disciplines civiques.

Les Francs-Maçons de la Grande Loge de France, c'est vrai, attachent aux systèmes de valeurs que représentent les règles morales, une grande importance : c'est ainsi que, cette année, sous le titre général " l'homme et ses racines biologiques, traditionnelles et spirituelles", les Francs-Maçons de la Grande Loge de France se sont d'abord penchés sur le problème que pouvait poser à l'homme du XXe siècle le développement considérable des Sciences de la Vie.

En effet, la révolution biologique, qu'a entraînée le développement de la génétique, et par là-même, la puissance de l'homme, pose aujourd'hui un problème fondamental.

Nous avons voulu favoriser, par notre question, la prise de conscience de ce grave problème et, sinon apporter une solution, prévenir du moins, certains dangers et marquer certaines limites que l'on ne saurait franchir sans mettre en jeu l'intégrité de la personne humaine.

Nous avons aussi étudié dans nos commissions le problème des racines traditionnelles et spirituelles de l'homme. Là, si vous le permettez, je voudrais vous donner mon sentiment. En effet, si la plante ne peut vivre sans racine, l'homme, être vivant, mais aussi être culturel et spirituel, ne peut vivre à son tour sans un enracinement culturel et spirituel.

Et lorsque nous parlons de racines culturelles, nous ne voulons pas entendre par là ses connaissances théoriques et livresques mais ses manières de sentir, de penser, de croire, ses manières de vivre et d'être, qui sont le fruit des coutumes et de la tradition et qui témoignent de la vie d'une civilisation.

Or, l'homme d'aujourd'hui, si ce n'est celui d'hier, ne peut vivre, ne peut être, sans un passé et un héritage culturel et spirituel.

Lorsqu'il oublie, lorsqu'il perd sa mémoire, il devient un "voyageur sans bagage" et, parce qu'il a oublié son passé, il ne peut assumer son présent et préparer son avenir.

Or, ce qui est vrai de l'individu l'est aussi d'une société, d'une civilisation. Celles qui perdent leur mémoire culturelle, celles qui oublient, qui méconnaissent, ou même renient, les valeurs essentielles qui les soutiennent, sont déjà des civilisations mortes.

Ajoutons même que toute société, toute culture en perte de mémoire, est nécessairement aussi en perte d'espérance et sans doute en perte d'espérance parce qu'en perte de mémoire.

Par notre question, nous avons voulu susciter et éveiller chez tous nos Frères de la Grande loge de France, une interrogation et une réflexion qui, aujourd'hui plus que jamais, nous semblent indispensables au salut de nos contemporains et à la sauvegarde de notre civilisation. Pour ma part, si vous me permettez de faire appel à ma propre expérience, lorsque dans ma vie d'homme j'ai été confronté à des événements dramatiques, j'ai éprouvé le besoin de cet enracinement :

- retrouver cette vieille maison de mon enfance,
- redécouvrir les chemins creux qui mènent aux vignes,
- surprendre quelques merles, faute de grives, occupés qu'ils étaient avec quelques baies de genévrier ou quelques. mûres du roncier,
- monter jusqu'au moulin qui a, maintenant, définitivement perdu ses ailes,
- humer le vent,
- retrouver la force et la sécurité nécessaires à mes entreprises,

comme je retrouve dans la loge-Mère, près de mes Frères, et mes forces, et mes racines, et mes raisons de croire et d'entreprendre.

Il ne le semble pas ! Aussi gardons notre foi et notre espoir.

Le Grand Maître qui vous parle peut vous dire aujourd'hui que la Grande loge de France incarne en ce mois de septembre 1981, une maçonnerie jeune et dynamique. Nos frères n'ont jamais peut-être été aussi conscients de leurs possibilités et de leurs devoirs.

Nous pensons, nous, Francs-Maçons de la Grande Loge de France qu'il faut que nous persévérions dans notre tâche et que, pour construire le Temple de l'Humanité, c'est-à-dire construire un monde de Liberté, d'Egalité et de Fraternité, où chaque homme se sente l'un des maillons d'une merveilleuse Chaîne d'Amour, il faut d'abord faire le serment de sauvegarder aujourd'hui, comme nous l'avons fait hier, l'homme et ses droits fondamentaux, de même qu'il faut savoir retrouver les valeur communes de notre civilisation, ses racines traditionnelles et spirituelles ; les sauvegarder, oui, et pourquoi pas, dans ce monde moderne qui semble .

Tels sont nos préoccupations et nos espoirs.

La Franc-Maçonnerie a toujours été une école de réflexion qui conduit naturellement à l'action et en fait une véritable école de vie.

Jamais cette définition n'a été aussi justifiée.

Ce n'est pas la première fois que l'homme est confronté aux exigences de son temps ; aussi, il ne faut pas dramatiser.

Les Francs-Maçons de la Grande Loge de France travaillent dans leurs loges pour que leurs responsabilités essentielles d'hommes libres soient engagées en faveur de l'Etre; c'est-à-dire de l'Etre dans ses limites.

Hommes de “plein champ de la vie”, notre vocation de Francs-Maçons est de défricher l'inconnu et de conforter l'acquis pour trouver un équilibre harmonieux d'où se dégagera la force créatrice qui permettra de déceler, d'analyser, les nouvelles perspectives qui existent dans tout homme et que la méthode maçonnique tend à mettre en évidence, et tout cela pour les Loges restent cette communauté d'espérance où l'espoir de chacun est disponible pour les autres.

Il n'y a pas d'homme qui n'éprouve ce besoin.

Il n'y a pas d'homme qui, s'il veut être sincère, ne doive reconnaître qu'il serait déchiré, mutilé, sans la source de son passé et de sa mémoire, comme il n'y a pas de civilisation qui puisse se perpétuer sans tradition, et cela est vrai de notre civilisation comme de toutes les autres.

Et cela est vrai aussi de notre institution maçonnique, comme de toutes les institutions, et notre Constitution parle d'or lorsqu'elle dit : “La Franc-Maçonnerie est un ordre initiatique traditionnel fondé sur la Fraternité”.

Cependant ajoutons, afin qu'il n'y ait pas de malentendu, que respecter la tradition ne signifie pas passéisme et conservatisme.

La tradition, c'est ce que nous recueillons du passé pour penser le présent, et préparer l'avenir.

La tradition est vivante, elle est active, elle est pour nous non pas la négation du progrès mais son affirmation.

La Constitution de la Grande Loge de France dit en outre : “La Franc-Maçonnerie a pour but le perfectionnement de l'humanité”, celle-ci étant entendue à travers les individus comme à travers l'être collectif qui la représente.

On dit trop facilement que les Francs-Maçons se désintéressent des problèmes de la grande cité des hommes.

La Franc-Maçonnerie est un ordre universel.

Chaque soir, dans tous les pays du monde, Francs-Maçons protégés par la loi ou Francs-Maçons condamnés au travail dans l'ombre, nos Frères posent les problèmes de leur génération avec la même lucidité, avec la même franchise.

Oui mais, nous dira-t-on, le spectacle qu'aujourd'hui nous offre le monde ne doit-il pas nous désespérer et nous faire douter de la réussite de notre Œuvre ?

Restons lucides devant les malheurs immenses de notre temps ; le monde d'hier était-il meilleur que le monde d'aujourd'hui ?

Demain est déjà là : il n'y a plus de temps à perdre si nous voulons bâtir pour nos Frères, les hommes, un monde de joie, de fraternité et de bonheur.

POURSUIVRE EN DEHORS L'ŒUVRE COMMENCÉE DANS LE TEMPLE - PVI N°45

Nous qui sommes constamment en quête de la lumière, nous découvrons chaque jour que le chemin que nous accomplissons vers elle est pénible et ne semble jamais s'approcher du but, nous ne perdons jamais l'espoir, comme nous ne perdons jamais la soif de la paix éclairée.

Dans ce monde perturbé et, il faut bien le dire, affreusement divisé, il existe, sous toutes les latitudes, des hommes qui guettent du fond de leur prison, du fond de leur famine, du fond de leurs détresses multiples, de l'étroitesse de leur ghetto, la lueur de l'espérance en un nouvel été en une résurrection de leur condition humaine.

En de multiples lieux, c'est la souffrance physique, spirituelle et morale qui domine l'existence de millions d'êtres humains privés de leur liberté et de leur dignité.

Nous devons nous demander ce que le mot “liberté” signifie réellement pour eux.

Nous devons nous interroger sur la signification, pour eux, du terme “dignité”, car souvent ils sont si profondément humiliés qu'ils ne savent même pas, qu'à nos yeux, ils sont des malheureux. Je crois qu'ils ne mesurent même pas leur propre malheur tant il est constant, uniforme et sans alternance, comme le seraient les profondeurs d'une nuit interminable.

Le monde dans lequel nous vivons se gargarise de mots qui ne possèdent pas, semble-t-il, la même signification pour tous.

Le mot “démocratie” est l'un de ceux-là.

Ne pensez-vous pas que, dans maints endroits, il s'est éloigné de sa signification étymologique ?

Ne pensez-vous pas que ce mot est quelque peu galvaudé aujourd'hui ?

Ne pensez-vous pas qu'il mérite une résurrection, un simple retour vers sa signification première ?

Les Francs-Maçons, dans tous les pays du monde où ils peuvent travailler librement, sont farouchement attachés à la recherche constante du contenu perdu de beaucoup de grands mots.

Pour que ces mots ne sonnent plus creux, pour qu'ils gardent leur sens profond, il faudra les régénérer avec la solidarité, la fraternité et l'amour.

De tous les Temples maçonniques de la terre où nous célébrons l'amour des hommes de bonne volonté, se sont élevées des interrogations angoissées sur notre avenir et surtout sur l'avenir de ceux qui, brutalement, ont été retranchés d'un monde en fête.

La question se pose de savoir si l'interrogation, aussi angoissée qu'elle soit, est suffisante.

Si les communiqués nombreux, souvent davantage destinés à donner bonne conscience à leurs auteurs qu'à proclamer une exigence efficace, sauront infléchir le cours des événements.

Les Francs-Maçons de la Grande Loge de France se sont interrogés longuement, gravement et avec émotion, mesurant le champ d'action qui leur est offert et, une fois de plus, ils ont abouti à la conclusion que ce sont les hommes, et les hommes seuls, qui font et défont les événements.

Ils ont renoncé à s'abriter derrière un communiqué mais ils ne renoncent pas pour autant aux hommes comme ils ne renoncent pas à la solidarité, à la fraternité et à l'amour avec et pour tous ceux qui souffrent et qui espèrent.

Peut-être, en ces circonstances graves, est-il aussi important que nécessaire de vous parler de la solidarité, de la fraternité et de l'amour qui s'expriment en Loge.

Peut-être est-il utile et nécessaire, ici, maintenant, de vous dire que solidarité, fraternité et amour ne sont pas réservés aux seuls membres de l'Ordre mais qu'ils s'expriment aussi bien en paroles qu'en actes à l'intention de tous les hommes, nos Frères en humanité auxquels les Frères pensent chaque fois qu'ils se retrouvent en Loge.

Peut-être suis-je autorisé à vous faire cette confidence qu'à chaque réunion le Président de la Loge rappelle aux Frères l'exigence impérative de continuer dans le monde, que nous appelons profane, l'œuvre à laquelle nous nous attachons dans le Temple.

Ainsi, la Franc-Maçonnerie s'inscrit volontairement et avec une détermination résolue dans le monde duquel ses membres sont issus et dans lequel ils retournent après avoir puisé dans les cœurs et dans les consciences des Frères qui les entourent, des forces nouvelles.

Chaque Frère est réceptacle autant qu'il est donateur. Chaque Frère s'efforce de porter en lui les joies et les détresses de l'humanité afin de magnifier les unes et de soulager les autres.

Les Francs-Maçons, de tous les temps et de tous les pays, se sont toujours attachés aux devoirs que leur impose l'œuvre qu'ils accomplissent. Cette œuvre s'est profondément modifiée au cours des siècles ; si, au Moyen Âge, les Temples que construisaient les Maçons libres furent des cathédrales, les Maçons d'aujourd'hui construisent, en leur cœur, des cathédrales destinées à devenir le Temple de l'Humanité.

Si la Franc-Maçonnerie de nos jours fait appel à tous les hommes, elle n'accepte pas, pour autant, tous ceux qui se présentent à la porte de nos Temples.

Mais elle se souvient avec gratitude, et parfois avec nostalgie, des Frères qui ont marqué de leurs pensées et de leur génie ce qu'il est convenu d'appeler : “Le Siècle des Lumières”.

Cependant, elle ne se complaît pas à évoquer le souvenir de ces Frères pour se donner du lustre et de l'importance.

Elle se veut un Ordre de travail, un Ordre où chacun se surpasse, pour s'intégrer dans la fraternité, afin de constituer, d'un commun élan, la conscience de la Loge.

Au cours de ma vie, durant les années de ma déportation, j'ai pu prendre la mesure aussi bien de l'abjection que de la bonté dont les hommes sont capables.

J'ai trouvé des tortionnaires là où je ne les attendais pas et des consolateurs où je ne les espérais pas !

Si je m'en souviens aujourd'hui, et des uns et des autres, c'est pour proclamer qu'il n'est pas possible de coller une étiquette aux hommes mais qu'il est nécessaire de les faire évoluer, qu'il est nécessaire de les appeler à revivre un idéal, qu'il est indispensable de diriger leur conscience vers les forces immenses qu'ils portent en eux et pour tenter de regrouper toutes ces forces individuelles au sein de ce microcosme qu'est une Loge.

Quiconque n'a pas été initié ne peut se faire une idée de ce qu'est réellement une Loge.

A travers les siècles, beaucoup d'autorités, et pas des moindres, ont attaqué, voire condamné, la Franc-Maçonnerie en l'accusant des pires méfaits et de complots abominables.

En dépit de cela, et je puis vous l'assurer, elle se porte, et la Grande Loge de France en particulier, merveilleusement bien. De plus en plus, elle maintient sa vocation vers la rencontre avec une multitude d'hommes qui, de nos jours, avec angoisse autant qu'avec ferveur, cherchent à donner à leur vie une nouvelle démarche et un nouveau contenu.

Si nous en sommes heureux, nous sommes parfois étonnés de constater la soif de spiritualité éprouvée par les jeunes hommes de notre temps qui cherchent à s'intégrer à notre Ordre et dans lesquels nous voyons une promesse de renouveau.

Ainsi, la Franc-Maçonnerie n'est pas un antre de conjurations, d'agissements obscurs et inavouables, mais elle est, et le nombre toujours croissant des demandes d'admission le prouve, une espérance même pour ceux qui en sont encore loin.

DES VOLONTÉS ÉCLAIRÉES - PVI N° 48

Si à nous, Francs-Maçons, qui voulons faire face aux difficultés de la société, apparaît la nécessité de prendre un temps de réflexion et l'opportunité de faire le point pour savoir si nous sommes bien dans la voie tracée depuis des siècles par nos ancêtres, nous sommes conscients aussi de l'insuffisance de tout concept qui ne tend pas vers la redéfinition de l'homme.

Oh ! Nous ne sommes guère plus avancés que ceux qui, comme nous, cherchent, mais la seule chose que nous savons, de façon certaine, c'est précisément cette nécessité de redéfinir l'homme, sur tous les plans de son existence, afin qu'il puisse maîtriser spirituellement les créations matérielles et techniques qui sont le fait de son intelligence.

C'est à la lumière de l'enseignement maçonnique que nous procédons à cette recherche dans une triple dimension.

Nous considérerons, tout d'abord, son aspect social et politique.

Cela veut dire que nous le considérerons dans sa relation avec les autres hommes, dans sa relation avec la cité, la nation, l'Etat, dans sa relation avec la loi qui préside, ou qui devrait présider, et partout, à l'instauration d'une vie démocratique.

Il s'agit, si vous préférez cette formule, d'établir quels sont et quels doivent être les droits et les devoirs du citoyen.

S'il convient de redéfinir ainsi le citoyen, c'est au sens propre l'homme politique, c'est-à-dire l'homme qui donne vie à la cité.

Nous devons aussi nous préoccuper de bâtir l'homme spirituel en le liant aux grandes lois du cosmos, sans doute, mais aussi aux grands principes de la civilisation dans laquelle il est né et par laquelle il s'est développé et formé.

Nous rappelons souvent que le Temple maçonnique ne se mesure pas seulement du Midi au Septentrion, de l'Orient à l'Occident, mais aussi du Zénith au Nadir.

Cela nous fait obligation de ne pas considérer l'homme seulement dans sa dimension horizontale, mais aussi dans sa dimension verticale.

L'homme, en effet, est beaucoup plus qu'un être naturel ; il est surtout un être culturel. C'est par-là surtout que nos apports individuels, dans nos travaux de Loge, sont fort différents.

Si nous comptons parmi nous des Frères de toutes origines, de toutes religions, de toutes races, de toutes conditions, et si, par conséquent, les apports individuels sont multiples, nous savons que la plupart d'entre nous, Français et Européens, sont les héritiers de trois grands courants que certains, ont parfois voulu opposer les uns aux autres, mais qui, en vérité, sont complémentaires et qui contribuent, plus que tout autre facteur, à marquer la personnalité de notre obédience au sein de l'Ordre maçonnique universel :

- la sagesse grecque,
- l'ordre romain,
- la tradition, je dirais même, la mystique judéo-chrétienne.

C'est de la simple référence à ces trois grandes origines que nous tirons le droit d'affirmer notre vocation de retrouver le fondement même de cet homme que nous voulons redéfinir et rebâtir.

Pour l'homme conscient de lui-même, pour l'homme toujours à l'écoute des autres et de l'univers, vouloir ce n'est point croire que tout est dit.

C'est ainsi que notre recherche et notre réflexion essentielle porteront sur l'homme universel :

Le Franc-Maçon n'est pas l'homme d'un seul pays,
Il n'est pas l'homme d'une seule idée,
L'initié se veut citoyen du monde,
Il a vocation d'universalité.

Les initiés que nous sommes portent en eux cette conviction que ce qui est commun à tous les hommes est plus important que tout ce qui les distingue les uns des autres ; que ce qui les unit dans la grande chaîne d'amour universelle a plus de réalité, de valeur, que ce qui les sépare.

Cette idée, qui a embelli depuis des siècles toute la recherche maçonnique, il nous appartient aujourd'hui de la retrouver, mais aussi de la réinventer.

Cet homme universel, c'est à nous, Franc-Maçons de 1983, qu'il appartient de le définir d'abord, de le construire ensuite.

C'est pour cela que, dans nos Loges, les idées s'expriment librement, les volontés s'affirment, les expériences et les potentiels se confrontent.

Mais pour cela, il faut être libre, il faut être homme. Etre homme, c'est ne pas avoir de certitudes ; être homme, c'est chercher, c'est découvrir qu'il y a des choses à voir et à dire et aussi des décisions à prendre :

- Faire le silence en soi,

- Faire abstraction des idées reçues,

- S'extirper d'un système de pensée qui s'apparente au dogmatisme étroit d'un passé révolu,

- Edifier son Temple personnel selon ses conceptions de recherche personnelle.

Cela est d'autant plus important qu'il semble bien qu'aucune des idéologies contemporaines ne puisse répondre à l'espérance de l'initié. Si l'une ou l'autre est peut-être susceptible de satisfaire son espérance de citoyen, la Franc-Maçonnerie ne saurait être confondue avec aucune idéologie profane ; ce serait trahir la vocation initiatique.

Accéder à l'essence profonde de la Franc-Maçonnerie, ce n'est pas parler le plus fort et le plus haut en toutes occasions ou en toutes circonstances.

Nous devons nous rappeler qu'à toutes les heures de grande tension dans la cité, les discussions politiques et les prises de position de ceux qui pensaient être représentatifs de l'Ordre dans le monde profane, ont apporté le désordre dans les loges.

Ceux-là ne furent peut-être pas à la hauteur de leurs responsabilités.

Ils avaient oublié qu'ils n'étaient assis dans la chaire de Salomon que pour offrir à leurs Frères l'imagination contre la déraison, la gnose contre l'idéologie, la fraternité contre la violence, la réflexion contre le parti pris la Franc-Maçonnerie doit rester la communauté des Idées contradictoires.

Le propre de la symbolique maçonnique est de n'appartenir à aucune époque, de ne s'identifier à aucune civilisation. C'est ainsi que la Franc-Maçonnerie a pu survivre à tous les systèmes politiques, à toutes les grandes mutations sociales et qu'elle a pu affronter toutes les révolutions.

Nous vivons dans un temps où l'apport quotidien des sciences et des techniques modifie sans cesse les conditions mêmes de notre existence.

L'avenir n'est qu'une grande incertitude.

Demain ne sera plus une simple continuation du présent, mais risque d'en être une conséquence fâcheuse.

Puisse l'homme être appelé à jouer désormais un rôle déterminant, car l'avenir qui nous concerne doit être un produit de l'homme.

Cet avenir reste à conquérir et ce sera, à n'en pas douter, la plus importante mais aussi la plus difficile des acquisitions humaines.

La vérité d'hier est morte et celle de demain est à bâtir.

Nous avons aujourd'hui à faire face à tous les dogmatismes, à tous les totalitarismes, à tous les racismes, aux diverses formes de la technocratie, aux mythes du surhomme.

Le progrès scientifique, sur lequel nos aînés avaient tant compté pour assurer la libération de l'homme, a abouti à la création de nouvelles formes d'aliénation.

C'est toujours l'homme opprimé qu'il s'agit pour nous de défendre et de libérer.

Ici et maintenant, c'est l'impératif du devoir immédiat.

D'autres viendront auxquels incomberont l'ailleurs et le futur.

La Franc-Maçonnerie n'a survécu, tout au long des siècles, que grâce à la volonté sans cesse renouvelée de ses membres d'assumer, à toutes les époques, les responsabilités de leur temps.

C'est dans la croisade des volontés éclairées, face à la tempête des jours présents, que l'Ordre justifie sa vocation à l'universel et son droit à l'éternité.

Georges Marcou

Michel de JUST

Né en 1934, Michel de Just a été initié en 1965 à la Respectable Loge "Les Amis de la Sagesse" à l'Orient de Paris. Il a été Grand Maître de la Grande Loge de France de juin 1978 à juin 1981, il est décédé le 30 juillet 1999,

<u>Bibliographie :</u>
- *"Ma Foi maçonnique"*, Éditions du Rocher

EXTRAIT DE "MA FOI MAÇONNIQUE" - 1998

En toute connaissance de cause, Michel de Just est initié à la Grande Loge de France en 1965 à la Respectable Loge "Les Amis de la Sagesse" à l'Orient de Paris.

Grand Maître de la Grande Loge de France de 1978 à 1981, il a pendant son mandat fait en sorte d'assumer et de mieux faire connaître la spécificité de l'Obédience et de propager les valeurs morales et spirituelles dont le Rite Ecossais Ancien et Accepté est porteur. Président scrupuleux, il assura avec rigueur ses responsabilités.

Sous des aspects quelquefois austères, il dissimulait une grande sensibilité. Il était à la fois un chef d'entreprise et en même temps l'ouvrier le plus humble.

Il est né le 9 février 1934 à Madrid, dans une famille traditionnelle, respectueuse des principes de noblesse mais il est aussi imprégné, par la branche paternelle, des grandes idées philosophiques françaises du XVIIIeme siècle. De grand-père et père franc-maçon, élevé dans un esprit de liberté, de tolérance, de solidarité, entouré de livres formant la bibliothèque du père, Michel de Just se forme en lisant les œuvres des grands humanistes. Il reçoit une éducation catholique, mais sans excès.

Ce souci de rectitude, d'authenticité se retrouvera tout au long de son chemin qui lui fera vivre sa "reforme", le fera passer de Thomas d'Aquin à Luther et Calvin, dont les approches lui paraissaient plus propices à une recherche personnelle, au souci de la liberté chérie, au rejet des dorures de la matière et de l'esprit.

Après des études secondaires au lycée Gambetta de Cahors, il entre à la Sorbonne où il va faire des études de lettres. Il entamera alors une carrière dans l'enseignement tant public que privé laïque où il appliquera ses idées pédagogiques: "Se débarrasser des idées toutes faites, refuser le dogmatisme de quelque école que ce fût et essayer de comprendre la si riche aventure de l'esprit humain, de ses enthousiasmes et de ses révoltes."

En 1982, il déclarait: "Ma conviction est ferme et inébranlable est ma foi... Oui résolument et malgré le laid et malgré la mort, je parie sur le bien, sur le beau, je parie sur la vie... Oui, résolument, je parie sur l'idéal incarné par la franc-maçonnerie."

Les moissons se déroulaient encore lorsqu'en 1999 la terre du Lot en Quercy accueillait Michel de Just Pellicer pour son dernier voyage.

A. P.

Être Franc-Maçon

Le Franc-Maçon est un homme libre; dans une Loge libre, qui n'attend de personne nulle révélation mais répond seulement à une exigence intérieure.

Aller en Loge, c'est beaucoup plus, et d'une autre nature.

Aller en Loge, c'est aller travailler sur un chantier dont on a conscience qu'il n'est et ne sera certainement jamais achevé, avec d'autres ouvriers qui savent, cela aussi, qui ne s'en découragent pas pour autant, mais au contraire y puisent un stimulant supplémentaire.

Aller en Loge, c'est apporter son concours à chacun de ceux qui vous entourent et recevoir le leur, pour œuvrer ensemble afin que progresse l'esprit sur la matière et que l'homme retrouve sa véritable nature et assume la dignité de son état.

Aller en Loge, c'est, comme nous le disons, "laisser ses métaux à la porte du Temple", c'est-à-dire tout ce qui est en nous n'est que façade mondaine ou masque, apparence entretenue ou illusion cultivée, honneurs ou distinctions, rang ou fortune, pour n'être plus que volonté tendue, vers une lumière que nous pressentons et qui est de l'esprit et du cœur; aidés par le rituel du vécu et non passivement subi somme un simple cérémonial, nous allons nous efforcer de nous situer en nous-mêmes et au monde comme dans la pascalienne "sphère infinie dont le centre est partout et la circonférence nulle part".

Ici, en Loge, le temps a éclaté qui ne se compte plus, ni ne se mesure au cadran d'une montre, instrument commode certes dans nos relations avec nos semblables puisqu'il nous permet par respect des mêmes codes convenus, d'organiser notre vie en commun mais instrument fondamentalement fallacieux dès lors que nous savons que le temps n'est pas de notre domaine, et qu'il serait pour le moins présomptueux de vouloir l'enfermer ou le maîtriser ; qu'est-ce qu'une heure, qu'est-ce qu'un jour, un mois ou une année, toute une vie même à l'aune du temps.

L'esprit de l'homme est ainsi fait que généralement il ne saurait apprécier toute chose qu'en fonction de son propre vécu ; pour comprendre ce qu'est une année, l'enfant de dix ans va se référer au dixième de son vécu ; et le dixième de son vécu pour un homme de soixante ans n'est-ce pas six ans ?

C'est pourquoi en Loge et afin de manifester ainsi que le chantier ne saurait s'interrompre, nous situons symboliquement notre travail en un temps immatériel.

Il en est de même de l'espace, lui aussi éclaté : le Temple, disons-nous, va "de l'orient à l'occident, du midi au septentrion, du zénith au nadir".

"Le monde est rétréci par notre expérience. Et l'équateur n'est plus qu'un anneau trop étroit", se lamentait Vigny au XIXème siècle, lors de l'apparition des premiers chemins de fer, que dirait-il aujourd'hui, quand les moyens de locomotion modernes nous permettent d'aller d'un point du monde à ses antipodes en quelques heures à peine ; je ne m'en plains pas, et même si j'aime aussi parcourir nos chemins de castine à pied ou au pas du cheval, je me réjouis que Concorde nous permette de relier Paris à New York en moins de quatre heures.

Les distances terrestres sont vaincues, certes ; en sommes-nous maîtres pour autant ?

Lorsque étendu sur la pelouse, au pied de l'acacia qui embaume et mêle le parfum douceâtre de ses grappes blanches à la verte acidité de l'herbe fraîchement coupée, on regarde un ciel si clair au-dessus de ce Causse qu'on croirait pouvoir en toucher chacune des milliers d'étoiles, la notion de l'espace est bien différente, et quelles que soient les prouesses de l'homme en la matière, les distances franchies paraissent un peu dérisoires.

Nous nous retrouvons ainsi en Loge hors du temps et de ses nécessaires contraintes, auxquelles nous nous plions aussi par ailleurs ; hors de l'espace et de ses inévitables bornes et frontières que, dehors, force nous est bien de reconnaître.

C'est dire que notre Temple, celui où nous nous réunissons pour travailler, n'est, pour nous, ni par lui-même ni par suite d'une cérémonie spéciale de consécration, délimité de façon immuable ; il n'est pas un lieu où la divinité viendrait s'exprimer soit directement, soit par l'intermédiaire d'un officiant porte-parole ; il n'est ni une mosquée ni un ashram, ni une église ni une synagogue, ni un sanctuaire ni une pagode. Il n'est pas en un lieu déterminé par l'événement historique ou mythique qui s'y serait produit, il n'est pas fixe et définitif, mais toujours en création ; il est partout où un initié, en communion avec d'autres initiés présents ou en esprit, le crée et le recrée sans cesse ; ainsi pendant la guerre civile espagnole, sept Maîtres maçons, sans décors ni objets rituéliques, purent procéder régulièrement – c'est-à-dire selon la règle – à l'initiation d'un profane dans une cellule de prison où les avait jetés, au seul prétexte de leur appartenance, le pouvoir dictatorial en place.

Où, sous quelle latitude se trouve la tombe du Maître Hiram, le bâtisseur chargé de construire le Temple à l'Éternel ?

En quel lieu fleurit l'acacia qui devait en marquer l'emplacement ?

Nulle part.

Nulle part, et partout.

En vous peut-être, lecteur ; en moi peut-être, sans doute en nous et en d'autres aussi.

On n'est pas Franc-Maçon parce qu'on se rend deux fois par mois, ou trois ou quatre, en un certain lieu appelé Temple, pour y travailler en Loge.

On n'est pas Franc-Maçon parce qu'un jour on a été initié, ni parce qu'on figure sur les registres d'une obédience ; et pas davantage parce qu'on a en poche un document qui atteste qu'on a été reçu Apprenti le…, Compagnon le… et Maître le…

Être Franc-Maçon n'est pas affaire administrative, comme on est membre d'une quelconque association dès lors qu'on a demandé son admission, qu'on y a été accepté et qu'on verse les cotisations prévucs par ses statuts.

On est Franc-Maçon en chaque acte de son existence, à toute heure et en tous lieux.

Certes, la Tenue en Loge est un moment privilégié en cet égregore né de la communauté en esprit. C'est pourquoi la tentation est grande alors de prolonger à l'infini des moments d'intensité communiés avec d'autres Frères, ceux que nous avons choisis tout de même qu'ils nous ont choisis ; la tentation est grande de poursuivre ainsi notre quête, notre “marche à l'étoile”, hors de toute agitation intestine, loin du profane tohu-bohu, le désert et le vide d'un monde qui a besoin de croire qu'il vit, quand il meut en chaque instant et s'agite, chaotique et désespéré.

Mais ce serait ne rien entendre à notre démarche authentique qui a double vocation, chacune des deux se fondant et s'épanouissant dans l'autre.

Notre vocation n'est pas de nous enfermer dans l'égoïste quiétude silencieuse de notre bibliothèque, considérant le monde et le déroulement de ses événements d'un lointain et quelque peu dédaigneux point de vue de Sirius.

Notre vocation n'est pas de nous déprendre de tout ce qui ne nous affecterait, pas directement et personnellement.

Pour respectable qu'elle soit, la règle de l'anachorète que résume saint Cassien pour qui “toute la fin du moine et la perfection du cœur consistent en une persévérance ininterrompue de prière” ne saurait être nôtre, même si la prière de celui qui s'est retiré du monde ne vise pas à assurer son propre salut et se propose de laver l'humanité entière de tous ses péchés.

Depuis longtemps, j'ai pris pour devise personnelle ces mots que le vieux poète latin Térence fait dire, deux siècles avant notre ère, à l'un des personnages de son Héautontimoroumenos “Le Bourreau de soi-même” :

“*Homo sum ; humani nihil a me alienum puto.*” (“Je suis homme et rien de ce qui est humain ne m'est étranger.”)

Revendiquer sa qualité d'homme, c'est revendiquer la place unique dans le monde créé du seul être redressé et qui, tout en n'ignorant pas que ses pieds le rattachent aussi à la terre – c'est notre misère, dirait Pascal –, peut porter son regard vers le haut – c'est notre grandeur, dirait aussi l'auteur des Pensées.

N'être – ne se savoir et ne se vouloir – étranger à rien de ce qui est humain, c'est connaître que nous sommes embarqués sur le même navire, liés, que nous le voulions ou non, car cela ne relève pas de notre volonté mais de la nature des choses, aux autres hommes, à tous les autres hommes, avec tous les devoirs que cela implique.

Rien de grand ne se réalise au monde qui ne grandisse l'homme, et l'humaine condition ; tout de même que rien de vil ne s'y commet qui n'avilisse l'homme, et l'humaine condition.

Comment vouloir ignorer toutes les exactions perpétrées, fût-ce aux antipodes ou à deux heures d'avion, contre l'homme ; comment ignorer que des centaines de millions de nos contemporains meurent encore de faim ; et la souffrance de l'enfant, et son injuste mort.

Dire, comme on l'entend trop souvent, que nous n'y pouvons rien inhibe toute action et nous enferme dans la plus lâche des passivités ; je sais l'ampleur de la tâche et ne me berce pas d'illusions, mais je sais aussi, avec Guillaume le Taciturne, qu' “il n'est point besoin d'espérer pour entreprendre ; point besoin de réussir pour persévérer”.

La perfection n'est certes pas du domaine de l'homme, le progrès, oui ; et notre contribution à ce progrès consiste à faire en sorte que le monde soit, par notre action, un peu meilleur lorsque nous le quitterons sous la forme que nous lui connaissons aujourd'hui que ce qu'il était lorsque nous l'avons reçu.

Michel de Just

Richard DUPUY

Né en 1914, Richard Dupuy est décédé à Paris en 1985. Avocat, il a été initié en 1946 à la Respectable Loge "La Jérusalem Ecossaise" à l'Orient de Paris et a été élu Grand-Maître de la Grande Loge de France pour la première fois en septembre 1956, puis réélu treize fois ensuite.

<u>Bibliographie</u> :

- *La Foi d'un Franc-Maçon,* Éditions Plon

LA BIBLE DANS LA LOGE
Paru dans PVI N° 59 - 1985

Ce texte commence par un rappel, à la fois historique et mythique, sur l'origine de la Franc-Maçonnerie et des loges opératives et spéculatives. Il se termine par une évocation de la Bible dont chacun pourra apprécier la surprenante richesse symbolique.

Faisant un saut par dessus les siècles, Richard Dupuy évoque les loges des bâtisseurs, abris couverts de ces hommes qui travaillent alors sur les fabuleux chantiers des cathédrales, et qui par leur esprit créatif et leur intelligence opérative ont permis à l'Europe de se couvrir du "blanc manteau de cathédrales" chanté par les poètes.

Richard Dupuy arrive ensuite progressivement à la naissance de la naissance de la Franc-Maçonnerie spéculative, décrivant ces notables qui bien que n'appartenant pas aux confréries des chantiers, en viennent néanmoins à s'intéresser aux travaux de ces dernières, et qui, retenant l'attention des Franc-Maçons opératifs, sont progressivement intégrés par eux au sein des ateliers comme Franc-Maçons "acceptés", formule toujours en usage aujourd'hui.

Mais ce par quoi ce texte vaut surtout est le passage consacré à la Bible, qui se révèle, par certains aspects, exceptionnel.

C'est le texte d'un visionnaire et d'un poète, nourri de culture classique et imprégné de foi maçonnique.

Richard Dupuy la présente comme Volume de la Loi Sacrée.

Loi par ce qu'elle prescrit.

Sacrée parce que sa référence la rend intouchable aux hommes.

Richard Dupuy s'engage explicitement dans une démarche herméneutique et présente ici la Bible non pas comme le livre d'une révélation religieuse mais comme celui "qui n'est… la propriété… d'aucune religion… d'aucune civilisation particulière… qui les englobe toutes dans la religion universelle… symbole de la loi vivante… Elle représente la démarche de l'humanité frayant sa route sur le sol des réalités, grâce au moteur de l'esprit et par l'effort opiniâtre de sa raison, de son intuition et de son imagination".

Livre qu'il faut "lire avec les yeux de l'âme et non avec ceux de la chair" et qui est "entre tous les humains, le ciment et le lien, et le pacte d'alliance".

Concernant la première partie consacrée à l'apparition des loges, certains historiens diront que par bien des aspects cette évocation relève parfois plus de la légende maçonnique que de la réalité historique, et que ce texte ne manifeste pas une démarche au caractère scientifique bien attesté.

Sans entrer dans un débat de spécialistes dont ce n'est pas l'objet ici, on peut répondre que si certaines de ces remarques sont éventuellement recevables, il n'en reste pas moins que la Franc-Maçonnerie étant une démarche initiatique, ce qu'elle dit d'elle même dans ses mythes fondateurs a autant – ou plus – d'importance que la réalité historique elle-même.

Et dans cet esprit, vouloir se rattacher à la tradition de constructeurs qui manifestaient, dans leur travail, à la fois le souci de la force et de la beauté qui transcendaient leurs ouvrages, ne peut laisser aucun Franc-Maçon de Rite Ecossais Ancien et Accepté indifférent. Vouloir réduire les mythes fondateurs de la Franc-Maçonnerie à des "querelles historiques" ne peut donc avoir que très peu de sens pour la démarche initiatique.

Quant au passage consacré à la Bible il est tout simplement remarquable de poésie.

Il porte la marque de l'ouverture d'esprit d'un homme qui tout en étant un homme de conviction religieuse, est allé, en tant que Franc-Maçon, droit à ce qu'il percevait de fondamental dans ce Livre, et a transfiguré l'objet de sa réflexion pour y trouver ce qui se donne en lui de l'universel humain, universel non de domination ou de contrainte, mais d'ouverture aux autres et de fraternité.

Richard Dupuy y manifeste clairement qu'au Rite Ecossais Ancien et Accepté, la Bible est considérée comme un ouvrage sacré, dont la visée symbolique et rituelle laisse chacun libre de ses convictions religieuses, légitimes par ailleurs, mais qui n'entrent pas en compte dans le projet initiatique personnel de chaque Franc- Maçon.

Ce texte parle à l'intelligence, au cœur et aux sens.

On peut l'entendre comme une musique.

Celle qui nous ouvre à la mélodie des infinis humains.

A. G.

La Bible dans la Loge

Dès la plus haute antiquité les constructeurs constituaient des groupes initiatiques fermés. Ils étaient à la fois ouvriers et prêtres, car, exerçant un métier noble entre tous, ils se considéraient en outre comme les collaborateurs de Dieu dans l'œuvre de création.

Ils étaient les artisans du *Grand Œuvre*. Et c'est pourquoi, sur toute la terre et à travers les siècles ils perpétuèrent les rites sacrés de la construction, précieusement conservés et transmis de la bouche à l'oreille, de la main à la main, du vivant au vivant, dans des communautés portant des dénominations et affectant des formes diverses (Collegia, Hétairies, Tarouks, Confréries monastiques ou laïques), mais procédant toutes d'une essence commune.

Ces hommes n'admettaient parmi eux que ceux qui étaient parvenus à la perfection dans l'un des corps de la maçonnerie. Ils se promettaient réciproquement aide et assistance dans toutes les circonstances de la vie et ils juraient de garder le secret sur les connaissances, les procédés et inventions qui leur seraient communiqués en vue d'améliorer encore et de faire progresser leur art dans la voie de la création continue. Ils portaient volontiers la robe de lin blanc des initiés. Ils célébraient, à l'occasion du solstice d'hiver et du solstice d'été, en des agapes fraternelles, la communion de leurs cœurs et la conjonction de leur travail créateur.

Ils se reconnaissaient par des mots, des signes et des gestes discrets qu'ils s'interdisaient de communiquer aux profanes, et, nantis de ces passeports invisibles, ils parcouraient les continents et les mers. Partout, malgré les différences de races, de langages, de religions et de coutumes, ils étaient reçus comme frères parmi leurs frères.

On trouve dans l'Ancien Testament, au chapitre des Rois, le récit de la construction du temple que Salomon fit ériger à la gloire de l'Eternel, par Hiram, le fils de la Veuve, maître-architecte du royaume de Tyr, en un lieu voué à l'amour fraternel, sur la colline de Morija, près de Jérusalem. Cette tradition qui parvint jusqu'à nous constitue le fondement de l'Ordre Maçonnique universel.

Au Moyen Âge, lorsque le *Mestier Franc* de Maçon se dégagea du carcan corporatif, les meilleurs ouvriers y étaient seuls admis, après avoir subi victorieusement les épreuves rituelles destinées à prendre la mesure de leurs capacités professionnelles, physiques et morales.

Et dans un contexte politique, religieux, économique et social qui considérait le travail comme une pénitence et même une déchéance, puisqu'il était interdit aux nobles et aux clercs, les Maçons Francs constituaient une élite de l'esprit et du cœur unanimement respectée.

A cette époque, lorsqu'un seigneur, clerc ou laïc, décidait d'entreprendre une construction, cathédrale ou chapelle, château ou maison, il commençait par s'assurer le concours d'un maître-architecte. Celui-ci, après avoir examiné le terrain et conféré avec le seigneur de l'édifice à construire, de sa destination et de ses proportions, envoyait à travers le pays des émissaires chargés de convoquer les compagnons en qui il avait confiance.

A l'appel du maître d'œuvre, ils arrivaient bientôt, dans des chars à bancs tirés par des chevaux ou des bœufs, chargés de femmes, d'enfants, de hardes et d'outils. Lorsque tous se trouvaient assemblés, l'architecte leur faisait former un cercle autour d'un point qu'il avait soigneusement choisi à proximité du lieu où devait s'ouvrir le chantier. Et c'est là qu'ils se livraient à leur premier travail : construire la loge. Celle-ci devait être orientée, comme une église ou un temple. Elle était édifiée avec soin et amour, décorée artistement. En son centre se dressait un autel triangulaire, en équilibre parfait. La planche à tracer du maître était placée à l'est afin de recevoir la lumière du soleil levant. En face, de chaque côté de la porte qui s'ouvrait sur l'ouest, deux plateaux marquaient les places du premier et du deuxième surveillant, chargés respectivement de l'instruction et de la direction des compagnons et des apprentis. Les ouvriers s'asseyaient au pied des deux colonnes, semblables à celles qui gardaient l'entrée du temple du roi Salomon, les compagnons au midi, les apprentis au nord. Car ses hommes libres étaient respectueux de l'ordre. En tête des principes que leur enseignait la *Philosophie du Mestier*, figurait l'adage suivant lequel la liberté ne se peut exercer dans le désordre et la confusion. Leur franchise avait pour condition, pour prix et pour contrepartie la discipline irréprochable qu'ils savaient librement s'imposer.

Que faisaient-ils donc dans cette loge ?

- Avant toute autre chose ils y rangeaient religieusement leurs biens les plus précieux, leurs outils. Ces outils faisaient l'objet des soins et du respect de tous parce que, d'une part, ils étaient investis d'un caractère sacré, comme symbolisant la victoire de l'esprit sur la matière grâce à la merveilleuse conjonction du cerveau et de la main dont ils prolongeaient efficacement l'action, et, d'autre part, ils étaient les instruments indispensables à l'exercice de l'Art royal. Sans l'outil qui réalise, l'invention de l'esprit n'est que rêverie.

- C'est aussi dans la loge que le maître-architecte recevait le serment des ouvriers qui s'engageaient à travailler loyalement, dans le respect des règles de l'Art et dans celui des us et coutumes de leurs corps de métier, à ne pas gaspiller les matériaux que le maître d'ouvrage mettrait à leur disposition et à ne rien révéler des secrets du métier de franc-maçon à ceux qui n'étaient point Francs. Cette obligation solennelle était prêtée devant l'autel des serments sur lequel étaient disposés les trois principaux instruments du travail : le *compas* qui trace le cercle sans commencement ni fin, symbole de l'esprit infini, éternel et universel ; l'*équerre* qui donne l'angle droit par lequel la pierre brute devient cubique et apte à être assemblée en édifices harmonieux, symbole de la matière animée par l'esprit ; et enfin la *règle*, symbole de la loi commune qui régit aussi bien les phénomènes du monde réel que ceux du monde spirituel.

Le compas était d'or, l'équerre d'argent et la règle de bois. Elle comptait vingt-quatre pouces divisés en trois fractions : les vingt-quatre heures de la journée du compagnon-maçon dont huit étaient consacrées au travail sur le chantier, huit au sommeil et huit à la prière, à la méditation et à l'instruction. Les huit heures réservées à l'élévation de l'âme et à la culture de l'esprit, les Frères les passaient dans la loge où, après la prière du soir, ils recevaient les directives pour le labeur du lendemain, percevaient leur salaire, et, entre-temps se communiquaient réciproquement tout leur savoir. Ils étudiaient d'abord la science des sciences, celle qui préside à l'élaboration et à la vie du cosmos, la géométrie dont l'initiale figure au centre de l'étoile flamboyante resplendissant au nord de la loge; ensuite, bien sûr, toutes les techniques concourant à l'art de construire; enfin – car nul domaine n'était fermé, aux investigations de ces hommes libres – toutes les sciences connues à cette époque: la philosophie, la psychologie, la morale, la médecine, la chirurgie, l'alchimie, l'astrologie…

Et jusqu'à minuit plein, les trois fenêtres de la loge diffusaient la lumière discrète des trois cierges qui encadraient l'autel et celle des chandelles qui éclairaient les plateaux du vénérable maître et des deux surveillants, tandis que les cantiques, les chants maçonniques, les prières, les exposés et les débats fraternels qui s'ensuivaient animaient étrangement le silence de la campagne alentour.

Il advint que ces modestes loges, devenues centres de culture, de science et d'amour fraternel attirèrent la curiosité des habitants des châteaux, des bourgs et des fermes voisines. Les uns et les autres, intrigués, venaient parfois coller une oreille indiscrète à la porte de la loge dans l'espoir de pénétrer le secret de ces extraordinaires roturiers qui, plus instruits que des moines, savaient lire, écrire, dessiner et peindre, compter et calculer, et en outre creuser les fondations, fondre les métaux, sculpter, graver, buriner, travailler le bois, le fer et la pierre, dresser les murailles et poser les charpentes, en un mot, tout concevoir et tout réaliser.

Ces hommes étonnants, gentils et courtois comme des chevaliers, travailleurs et musclés comme des serfs, passaient une partie de la nuit à discourir et, dès le petit jour s'affairaient sur le chantier, remplissant l'air du chant laborieux des maillets, des ciseaux, des scies, des marteaux, des poulies et des brouettes, transportant, hissant, poussant, travaillant sans relâche une matière inerte et rebelle et parvenant à lui conférer la grâce et la vie, et l'élan d'un acte de foi.

Quelques-uns de ces voisins curieux, nobles, clercs ou bourgeois s'enhardissaient même jusqu'à venir prier le maître de la loge de les accepter dans la fraternité, quoique n'appartenant pas au métier. Si le requérant était de bonne constitution physique et morale, s'il était adulte, né libre et de bonnes mœurs, sa demande était prise en considération. Il était admis à subir les épreuves, et il était reçu Franc-Maçon suivant les rites et mystères de l'Ordre.

Au cours de son initiation aux secrets et privilèges de la Franc-Maçonnerie, on exigeait de lui le serment habituel de fidélité à la règle de l'Ordre et aux règlements de la loge, d'obéissance non aveugle mais intelligente aux chefs de la confrérie, de dévouement et d'amour fraternel à l'égard de ses *frères* et de tous les membres de la famille humaine.

Lorsqu'il prêtait ce serment sur l'autel de la loge, l'un des trois outils symboliques, la règle, commandant l'emploi du temps quotidien des Maçons opératifs auquel le néophyte ne pouvait raisonnablement être astreint, était remplacé par un autre symbole représentant la loi morale. C'était soit un polychronicon, sorte de parchemin artistement enluminé sur lequel était transcrit l'évangile de Jean, *"Au commencement était le Verbe..."*, soit une bible, dès que l'invention de l'imprimerie permit à tous de se procurer le livre.

Ainsi, entre l'équerre et le compas, la règle de vie des compagnons opératifs s'était, par la force des choses, sublimée et agrandie aux dimensions universelles, en même temps que, parmi les *Francs-Maçons Anciens*, naissaient les *Acceptés*. Ainsi, ces confréries de bâtisseurs que l'on appelait communément des loges, du nom même du lieu sacré où elles se réunissaient, devinrent, dès le début du XIVe siècle de notre ère, des Loges de Maçons Francs Anciens et Acceptés, et, après le départ des compagnons opératifs lorsque la construction avait été achevée, elles demeuraient en vie grâce aux spéculatifs qui désormais l'animaient seuls.

La bible ayant pénétré dans la loge, elle n'en sortit plus. Après l'ouverture rituelle des travaux, le Frère qui remplissait les fonctions de chapelain en lisait un verset qui servait de point de départ et de thème aux méditations de la soirée. De nos jours, les Francs-Maçons prêtent toujours leur serment initiatique sur ce *Volume de la Loi Sacrée*, ouvert sur l'autel et surmonté du compas et de l'équerre. Tous leurs travaux se déroulent en présence de ce symbole-unique aux triples dimensions. Le livre n'évoque pour eux aucune religion particulière. Il les englobe toutes dans la religion universelle qui accueille tous les humains de bonne volonté. Son entrée dans la loge à une époque où sa lecture était interdite à qui n'était pas clerc n'implique aucune soumission, elle marque au contraire une importante étape dans la libération de la conscience, des interdits divers qui, de tout temps, prétendirent assigner des limites aux investigations de l'esprit humain.

La Bible n'est, pour le Franc-Maçon, ni un récit historique, ni un traité théologique. Elle est le symbole de la loi vivante. Elle n'est pas objet de controverses fastidieuses et stériles, mais source d'inspiration et de réflexion. Elle représente la démarche de l'humanité, frayant sa route sur le sol des réalités, grâce au moteur de l'esprit et par l'effort opiniâtre de sa raison, de son intuition et de son imagination. Elle montre l'homme émergeant de la bestialité pour cheminer vers la connaissance qui est à la fois compréhension et participation. Elle n'est pas seulement l'histoire authentique ou légendaire du peuple juif, ni le récit de la passion de Jésus. Elle n'est pas seulement le dialogue de l'homme avec son Créateur. Elle est tout en même temps, et beaucoup plus encore. Elle n'est l'apanage ni la propriété d'aucune église, d'aucune religion, d'aucune secte, d'aucune race, d'aucune civilisation. Elle est la somme. Elle est à la fois, miraculeusement, écriture et parole, tradition et évolution. Elle instaure le dialogue éternel du passé et de l'avenir. Elle est souvenir et prophétie. Elle vaut par ce qu'elle décrit et par ce qu'elle suggère. Comme la vie, elle apparaît diverse, multiforme, complexe et multi-ordinale, vaste et changeante comme la mer, il est vrai. Mais comme la mer, elle est une car elle exprime la loi, la loi sacrée qui s'impose à tous et protège tous, la loi qui rend solidaire la partie du tout et qui rend le tout tributaire de la partie, la loi d'amour.

Qui prétendrait lui assigner un contenu et un sens immuables la dépouillerait de signification, de puissance et d'efficience car elle est, avant tout, incantation et incitation.

Elle est le grand registre de famille de tous les hommes et de toutes les femmes, ceux qui ont vécu, ceux qui vivent et ceux qui vivront après eux.

Il faut la lire avec les yeux de l'âme et non avec ceux de la chair. Il serait criminel d'en stériliser l'esprit en disséquant sa lettre. Il convient d'en accepter et d'en recevoir globalement l'impulsion lyrique, car elle est un chant d'amour. Et un chant d'amour ne s'analyse pas. C'est l'harmonie des notes qui fait naître la musique, c'est l'agencement des mots qui fait naître la phrase. Isolés, les notes et les mots ne sont que des sons sans signification, sans écho, sans pouvoir, sans vertu…, sans espoir.

Son chant merveilleux réveille l'âme, le souvenir commun de l'espèce, enfoui, assoupi au tréfonds de l'inconscient collectif. Il est, entre tous les humains, le ciment et le lien, et le pacte d'alliance. Il est une ouverture sur le monde. Il est une communion avec lui car il est souffle et battement de cœur.

Qui sait l'entendre est définitivement arraché à sa solitude, car, libéré de l'espace et du temps, il participe à la vie universelle et il marche vers la Lumière.

Richard Dupuy

Pierre SIMON

Né en 1925, Pierre Simon a été gynécologue obstétricien, co-fondateur en 1956 du Mouvement Français pour le planning familial. Initié en 1953 à la Respectable Loge "La Nouvelle Jérusalem" à l'Orient de Paris, il a été Grand Maître de la Grande Loge de France de juin 1969 à juin 1971 et de juin 1973 à juin 1975.

Bibliographie :

- *De la Vie avant toute chose,* Éditions Mazarine (dont ce texte est extrait)
- *La Franc-Maçonnerie,* Éditions Flammarion, collection Dominos.

EXTRAIT DE "LA VIE AVANT TOUT CHOSE" - 1979

Dans ce texte intitulé «La croix et l'équerre», tiré de son premier ouvrage, Pierre Simon évoque un épisode des relations de la Franc-Maçonnerie en général et de la Grande Loge de France en particulier, avec l'église catholique et romaine, relations qui furent pour le moins difficiles pendant plus de deux siècles, même si elles sont aujourd'hui, grâce aux efforts des deux parties, heureusement pacifiées.

L'introduction rappelle l'épisode de la bulle “In Eminenti” promulguée par Clément XIII qui, en 1738, soupçonnait la Franc-Maçonnerie de complot contre l'Église et la société de l'époque, et qui, souligne l'auteur, lui reprochait surtout le “coupable œcuménisme”, contenu dans ses principes et notamment l'Article 1er des Constitutions d'Anderson de 1723.

Le temps passant les relations se détendent progressivement et l'arrivée de Jean XXIII et sa volonté d'ouverture avec Vatican II rendent néanmoins possibles la perspective d'un débat.

Nous sommes alors en 1971 et le Grand-Maître en charge pense, à juste raison, que l'Eglise et la Franc-Maçonnerie peuvent faire cause commune pour défendre les valeurs de la spiritualité devant le triomphe de matérialismes économiques et politiques qui dominent alors encore dans de nombreuses régions du monde, avant leur effondrement trente ans plus tard.

Il prend l'initiative, en tant que représentant de la Grande Loge de France, d'inviter et recevoir, en Tenue de Grande Loge, et après bien des difficultés, Mgr Pezeril, évêque auxiliaire de Paris, qui est accueilli dans le Grand Temple de la rue Puteaux, selon le rituel et “maillets battants”.

Pour ceux qui s'intéressent un peu à l'histoire des relations entre la Franc-Maçonnerie et l'Eglise catholique l'événement est tout sauf banal.

Objectif de Pierre Simon: “faire en sorte que deux puissances spirituelles qui ont en commun l'héritage du judéo-christianisme” puissent se rencontrer après des années de déchirements pour engager un dialogue qui ne pouvait, à son avis, être que fructueux.

Cet objectif fut atteint – au moins partiellement – et des contacts furent maintenus entre plusieurs Grands-Maîtres qui ont succédé à Pierre Simon et la hiérarchie catholique.

C'est l'histoire de cette initiative et de cette rencontre que nous livre Pierre Simon dans ce texte qui revendique la Franc-Maçonnerie, non comme une école de pensée dogmatique mais comme une démarche de recherche intellectuelle, morale et spirituelle et un espace de rencontre des autres et du monde, marquée par une volonté affirmée de liberté contre tous les systèmes autoritaires qui voudraient “broyer les individus et les personnalités”.

L'auteur précise au passage que le rationalisme maçonnique n'a rien à voir avec le scientisme réducteur et matérialiste qui marque de son empreinte une partie de la pensée moderne. La chose n'est pas sans intérêt de la part d'un scientifique.

Son texte soutient l'idée de l'enracinement de la Franc-Maçonnerie dans la culture judéo-chrétienne, même si la démarche maçonnique ne peut pas être assimilée à une démarche religieuse au sens de la revendication option confessionnelle et de son éventuelle pratique.

Cette démarche laisse chaque Franc-Maçon libre de ses convictions en ce domaine mais lui demande simplement, au nom des principes de la Franc-Maçonnerie, de respecter activement chez les autres ce qu'il souhaite voir respecté chez lui-même, pour préparer ainsi le centre de l'union qui est son objectif.

A. G.

De la Vie avant toute chose

Honore d'abord les dieux immortels
dans l'ordre qui leur fut assigné par la Loi.

Premier des "Vers d'Or" pythagoriciens.

Cette conjonction est possible. Les chemins initiatiques, en dépit de leurs différences, sont empreints d'une même matière. Ils s'orientent tous vers la recherche du bonheur suprême et l'approche de la Connaissance. Les voies, dès lors, quoique encore fort étroites, peuvent être parallèles.

Pourtant que d'obstacles à surmonter ! Alors Grand-Maître de la Grande Loge de France, je résolus d'y consacrer mon énergie et mon autorité. Les relations de l'Église et de la Maçonnerie ont été un perpétuel orage. Mais ce n'était pas nous qui avions brandi les foudres. Clément XIII nous avait condamnés dès 1738. Il voyait en nous des comploteurs contre l'ordre social, coupables – plus de deux siècles avant Jean XXIII – de s'engager dans l'œcuménisme. Puis, il y avait encore dans l'Église des durcissements, des soubresauts, des reculades. En condamnant les méthodes contraceptives, avec l'encyclique *Humanae Vitae*, Paul VI avait, en 1968, déclenché un combat d'arrière-garde. J'étais donc infiniment suspect. Pourtant le nouveau cours de l'Église, après Jean XXIII, la destinait à nous rencontrer. La franc-maçonnerie, de son côté, n'avait jamais dévié sa route. Pas de modification du rituel, pas d'infléchissement méthodologique, bref, pas d'aggiornamento. L'œcuménisme, fondement de notre Ordre, n'impliquait pas de concession à la modernité.

Les pas que nous ferions ensemble se placeraient dans la sphère du sacré, pour nous inscription dans le temps et l'espace et sous le signe de la raison. Devant la montée du matérialisme, nous avions en commun des valeurs qui avaient porté l'Occident aux avant-postes du monde. En Afrique, en Asie, en Amérique, des nations tentaient d'amalgamer ces valeurs aux leurs. Bientôt, la Chine d'après Mao connaîtrait aussi ce tropisme. Promouvoir ce patrimoine culturel et moral, l'une des plus grandes richesses de l'espèce humaine, coordonner l'évolution occidentale, voilà ce que l'Eglise et la Maçonnerie pourraient faire de concert.

Soirée mémorable : Mgr Pézéril, évêque et spécialiste des problèmes conciliaires, serait reçu seul, devant une assemblée uniquement composée de maçons, ce qu'on appelle une “tenue blanche fermée”. Il nous parlerait des “signes de l'Église catholique de demain”.

J'avais longuement négocié cette visite. La hiérarchie catholique et Rome y portaient la plus grande attention. Jacques Fauvet, directeur du Monde, Alain Guichard, journaliste et spécialiste des affaires maçonniques à ce même quotidien, l'abbé Jean-François Six, représentant du cardinal Kœnig, chef du département des non-croyants, instauré par Vatican II, n'y furent point étrangers.

Pour souligner la nature de l'événement, nous avions extrait des archives le cérémonial rituélique avec lequel Joseph II, souverain d'Autriche fut reçu, dans la loge de Mozart. C'est donc, orchestre et chœur, une partition du frère Mozart qui accompagna Mgr Pézéril du parvis jusqu'à l'autel du Vénérable dans le Grand Temple de la rue Puteaux. Dans ce même temple, je recevais deux ans plus tard Valéry Giscard d'Estaing. Pour bien marquer la nature initiatique du visiteur, je l'accueillis “maillets battants”, honneur réservé uniquement aux hauts dignitaires de l'Ordre.

Cette visite en loge d'un haut dignitaire de l'Église fut un événement d'une portée considérable et qui fit date aussi bien dans l'histoire de l'Église catholique romaine que dans celle de l'Ordre maçonnique universel. Pour moi, ce ne pouvait être là qu'une première étape.

Que d'embûches pourtant l'on m'avait dressées ! Un maçon, inspecteur général de la Santé aujourd'hui à la retraite, et anticlérical forcené, avait fait parvenir un faux à l'archevêché. C'était une feuille polycopiée, présentée comme un document interne à la Grande Loge de France. On y expliquait qu'en invitant l'Éminence, je lui tendais un piège, je cherchais, le flattant, à lui “imposer” la liberté de l'avortement.

Cette “circulaire”, le secrétariat de Mgr Pézéril fut, curieusement, seul à la recevoir. Aussitôt on me signifia que l'Évêque ne viendrait pas. Pour déjouer ce complot, il me fallut dépêcher un émissaire, pasteur luthérien et subtil diplomate. Il rassura. Au bord du désastre, le piège fut déjoué. Mgr Pézéril vint.

Ma réponse à ses propos fut surtout pour moi l'occasion de rappeler aux nombreux francs-maçons présents l'article premier des *Constitutions* du pasteur James Anderson, fondateur et rédacteur des textes organiques des obédiences maçonniques régulières du monde.

Concernant Dieu et la religion, Anderson, en 1723, avait écrit : “Un maçon est obligé par sa Tenure d'obéir à la loi morale et, s'il comprend bien l'art, il ne sera jamais un athée stupide, ni un libertin irréligieux. Mais, quoique dans les temps anciens les maçons fussent astreints dans chaque pays d'appartenir à la religion de ce pays ou de cette nation, quelle qu'elle fût, il est cependant considéré maintenant comme plus expédient de les soumettre seulement à cette religion que tous les hommes acceptent, laissant à chacun son opinion particulière, et qui consiste à être des hommes bons et loyaux ou hommes d'Honneur et de Probité, quelles que soient les dénominations ou croyances qui puissent les distinguer, ainsi, la maçonnerie devient le centre d'union et le moyen de nouer une véritable amitié parmi des personnes qui eussent dû demeurer perpétuellement éloignées.”

Après les guerres civiles et religieuses qu'avait subies l'Angleterre, un pareil texte fondant la société des francs-maçons avait constitué, à n'en pas douter, un signe d'espérance, un signe de recherche du règne de l'amour parmi les hommes et de paix sur la terre. Je le dis et ajoutai, m'adressant à mon hôte :

“Ne croyez-vous pas, Monseigneur, ne croyez-vous pas, mes frères, que ce texte revêt ce jour une actualité particulière ? Les hommes ne sont-ils pas toujours aussi divisés ? Ne sont-ils pas toujours prêts, au nom de leur idéologie particulière, à s'attaquer à leur semblable ? Il est vrai qu'un certain nombre de fanatismes ont disparu, ou presque, et que même certains interdits peuvent être surmontés. Votre présence parmi nous, ce soir, le cadre dans lequel nous avons voulu vous recevoir, le nombre de frères présents, tout cela constitue autant de signes de réconfort pour l'avenir de l'humanité et de promesses pour qu'un dialogue sérieux puisse, sans compromission, s'établir entre ces deux puissances spirituelles que sont l'Église catholique romaine et, par la Grande Loge de France, l'Ordre maçonnique. “

Il ne s'agissait pas, en la circonstance, de proposer l'union sacrée. Il s'agissait simplement d'être logique et de faire en sorte que deux puissances spirituelles qui ont en commun l'héritage du judéo-christianisme, puissent le véhiculer, chacun avec son génie propre.

Au théologien Pézéril, point n'était besoin de rappeler qu'un des thèmes essentiels de la pensée judéo-chrétienne était le respect de la vie, dans le cadre de l'humain.

Dans les civilisations de masse où nous abordions, nous ne serions pas trop nombreux à rappeler les droits de l'homme en tant que personne, en tant qu'individu. A tous les fanatismes, à tous les systèmes qui voulaient broyer les individus et les personnalités, nous avions, les uns et les autres, à opposer en commun l'éthique du respect de la vie.

Œuvrer ensemble sur nos sources communes : il était temps de nous y atteler. Notre œcuménisme était certes d'un genre particulier car – il était essentiel de le rappeler à notre visiteur – nous, francs-maçons, nous ne nous constituons pas une Église, nous n'avons pas de doctrine. Nous représentons plutôt une méthodologie, un système de réflexion qui, dans la manière d'appréhender le monde, peuvent quelquefois se heurter à l'esprit dogmatique. Mais celui qui travaille à la gloire du Grand Architecte de l'Univers n'a pas à combattre celui qui confesse sa foi en un dieu révélé, pourvu que ce dernier n'ait pas un comportement sectaire.

Dans mon esprit, cette mise en garde n'était pas à sens unique. Au seuil du dialogue que j'engageais ce soir-là avec Mgr Pézéril, la référence au pasteur Anderson et au noachisme était à mes yeux indispensable.

L'alliance noachite en effet, à laquelle les francs-maçons réguliers veulent se référer, est vraiment universelle. Le privilège de l'ancienneté lui permet de ne contredire aucune autre alliance, que ce soit celle d'Abraham, de Moïse, de Jésus ou de Mahomet[1]. La position œcuménique qui en découle nous fait reconnaître comme frères tous ceux qui ne veulent participer à aucune alliance particulière mais qui, suivant les seules lumières de la raison, adhèrent à celle-là.

1. C'est sous les auspices de l'alliance abrahamique que Sadate et Begin marquèrent leur première rencontre, type même de la conjonction des initiés.

Ils peuvent se placer dans cette alliance en suivant ce qu'Anderson appelait la loi morale, loi naturelle et raisonnable, puisque cette alliance veut définir l'homme dans son rapport avec la nature et le conduire à la notion de respect de la vie.

Il ne peut, dès lors, être question d'exiger comme préalable à l'entrée dans l'Ordre maçonnique la foi en un Dieu particulier et en sa volonté révélée, car ce serait trahir l'universalisme total de l'alliance noachite et risquer de se substituer à l'Église.

Je tins alors à préciser que la Grande Loge de France entendait demeurer fidèle au rationalisme, selon la tradition philosophique classique, dans la lignée de Descartes, Malebranche, Spinoza et Leibnitz.

Tout à l'opposé d'un certain scientisme, le rationalisme maçonnique sait, par ailleurs, que la raison s'applique à des niveaux variés, selon des modalités différentes. En ce sens, l'imagination même s'y peut associer, voire en relever.

Son pouvoir de travail, de construction, le franc-maçon le tire de sa croyance en l'existence d'une raison universelle dans le monde et dans l'homme. A l'inverse de l'athée stupide dont parlait Anderson, auquel l'absence de raison voile la perception d'une loi d'ordre, le franc-maçon apprend à connaître cet ordre universel, et il l'affirme en travaillant à la gloire du Grand Architecte de l'Univers.

Dans ce siècle qui voit tant de valeurs menacées, la raison bafouée et mutilée, nous voulions faire admettre par l'Église romaine que la franc-maçonnerie avait vocation pour rappeler le message de l'arc-en-ciel apparu à Noé, en défendant les valeurs fondamentales contenues dans l'Alliance, mais aussi en appelant à une nécessaire union tous ceux qui croient en la raison universelle, au plan du Grand Architecte de l'Univers, et qui veulent vivre en harmonie avec la loi morale qui est aussi la loi naturelle.

Avec la venue de ce haut dignitaire de l'Église dans un temple de la Grande Loge de France, l'étape historique de la rencontre était franchie. Nous étions, dès ce moment, en droit d'espérer que certaines incompréhensions puissent tomber et que, même si des oppositions devaient apparaître ici et là, elles n'engendreraient plus ni haine ni mépris. Elles pourraient au contraire être surmontées parce que nous avions accepté, les uns et les autres, de nous connaître et, au-delà de nos différences, de nous respecter et d'apprendre à nous connaître.

C'était la première fois depuis plus de deux cents ans qu'un haut dignitaire de l'Église était reçu, en France, dans une loge maçonnique.

Des hommes d'Église, parmi les plus éminents, furent d'abord très réservés, le Révérend Père Michel Riquet écrivit alors dans *Le Figaro*: “La visite de Mgr Pézéril, sans être une bénédiction, ni l'annonce des tractations, pourrait être un encouragement à dépasser les oppositions d'autrefois vers une meilleure compréhension.

La suite du propos entendait démontrer que tout était devenu possible parce que la franc-maçonnerie avait évolué. En fait, elle n'avait rien fait d'autre que de renouveler sa plus ancienne tradition. L'évolution, c'était au sein de l'Eglise catholique qu'elle s'était produite, et non dans les Loges.

Cette première rencontre fut suivie d'une pause; puis le dialogue s'ouvrit. Il s'ouvrit assez mal. Le père Riquet somma “la Grande Loge de France de manifester sa volonté de renoncer à la position activement hostile à l'Eglise qu'elle a adoptée dans le passé[1]”.

C'était confondre l'hostilité à l'Eglise (attitude philosophique) avec l'anticléricalisme (réflexe populaire et attitude politique).

Il faut rappeler l'histoire. Dans les débuts de la IIIeme république, l'Église avait été utilisée contre l'état républicain en vue de le remplacer par la monarchie et elle s'était mise plus tard, à l'occasion de l'affaire Dreyfus, au service du fanatisme.

Puisque le Révérend Père Riquet avait cru bon de réveiller la querelle historique, il fallait bien situer les premières responsabilités de la rupture. A l'éminent jésuite, qui avait depuis longtemps choisi de privilégier la franc-maçonnerie anglo-saxonne au détriment de la franc-maçonnerie française, je répondis[2]:

“Pourquoi cette hostilité? Parce qu'un pape crut bon, un jour, d'excommunier les francs-maçons et qu'à cause de cela les catholiques désertent les loges. Quoi d'étonnant alors que dans les pays catholiques la franc-maçonnerie française soit déchristianisée? Il est heureux pour le Révérend Père Riquet qu'il se soit trouvé des Anglais protestants – donc excommuniés – pour ne pas se sentir concernés par les ordres pontificaux, puisque les préférences de l'Église catholique

1. Article publié dans Le Monde du 28 février 1975
2. Ma réponse parut le 15 mars suivant dans le même journal.

semblent aller, selon lui, à leurs héritiers. Une excommunication protège à long terme d'une autre excommunication ! Voilà au moins une preuve que la franc-maçonnerie n'est pas la seule à avoir ses mystères."

Le Révérend Père Riquet voulut bien admettre alors qu'en invitant Mgr Pézéril à parler en loge, j'avais manifesté mon désir sincère d'engager avec l'Église un dialogue sérieux, dans le respect réciproque de la foi et des convictions de chacun. Mais, en acceptant l'invitation, Mgr Pézéril avait lui-même permis qu'on soulève une autre question : celle de la possibilité pour un catholique d'être franc-maçon. Le Révérend Père Riquet se chargea d'en expliciter les termes, dans un article du Monde : "Il n'est pas interdit à un catholique de trouver là une assurance que son adhésion à la Grande Loge de France ne le rendrait ni complice ni solidaire d'une entreprise hostile à l'Église. Il pourrait alors en conclure qu'il n'est pas concerné par l'excommunication réservée, par le Canon 2335, aux associations qui se livrent à des complots contre l'Église et les pouvoirs civils légitimes."

Un nouveau pas était franchi. Le Révérend Père Riquet avait ainsi apporté, sinon son appui, du moins son accord, à Mgr Pézéril. En effet, au cours de sa visite à notre obédience, l'évêque auxiliaire de Paris s'était entendu demander par un de nos frères : "Monseigneur, étant franc-maçon, suis-je ou non excommunié ?"

Et le prélat de lui répondre : "Dès l'instant où ce problème vous préoccupe, c'est que la condamnation ne vous concerne pas."

Quelques témoins de ce dialogue en conclurent un peu vite que Mgr Pézéril avait eu recours à une habileté dialectique. En fait, il n'avait fait que rappeler la formule du Dieu de Pascal : "Si tu me cherches, c'est que tu m'as déjà trouvé."

Depuis, les choses n'ont cessé de progresser. Des deux côtés on recherche, à l'évidence, le dialogue. Les voies sont tracées d'un véritable œcuménisme où toutes les puissances spirituelles, la franc-maçonnerie y compris, se donneraient la main.

Nous voyons aujourd'hui des publications catholiques balayer tout un fatras de préjugés et d'idées reçues, de mensonges et d'erreurs sur l'Ordre maçonnique. Ainsi, le 15 octobre 1975, les Informations catholiques internationales rappelaient que la franc-maçonnerie est incontestablement née dans un berceau chrétien.

Cette publication admet que la première condamnation pontificale, énoncée en 1738 par le pape Clément XII, se fondait non seulement par la crainte d'un complot maçonnique contre le pouvoir légitime, mais par le fait que les francs-maçons étaient coupables d'avoir adopté une démarche œcuménique identique à celle que l'Église suggérerait à son tour deux siècles plus tard. A propos du conflit qui, à la fin du XIXe siècle, s'était développé en France entre l'Église catholique et la franc-maçonnerie, les Informations catholiques internationales reprenaient à leur compte l'argument que j'avais opposé au Révérend Père Riquet : “Toute la longue histoire des conflits de la IIIeme République entre l'Église et la franc-maçonnerie doit être lue sur cet arrière-fond politique. Plus qu'un conflit religieux, c'est une lutte d'influence entre deux “pouvoirs” situés bien diversement sur l'échiquier politique.”

L'auteur de ces lignes, Jean-Pierre Manigne, avait su entrevoir une autre réalité plus profonde. Se référant aux approches faites par l'abbé Jean-François Six, pour lequel il est essentiel de constater que, de nos jours, tant de jeunes hommes de moins de trente ans se font initier, Jean-Pierre Manigne constate que “si, dans certaines obédiences surtout, des croyants et des incroyants peuvent se rencontrer, il n'en demeure pas moins vrai qu'il y a un aspect de l'agnosticisme français contemporain (bien autre chose que l'athéisme) qui est représenté de façon typique par un grand nombre de maçons. Cette attitude d'agnosticisme, (qui est une sorte de modestie devant la transcendance), écrit-il en substance, passionne d'autant plus Jean-François Six que ses traces se retrouvent chez beaucoup de chrétiens et même dans le “style” de certains mystiques et saints français. Ce qu'il veut promouvoir c'est un dialogue constant entre les chrétiens et les francs-maçons, démarche passionnante mais difficile car l'ignorance mutuelle dépasse tout ce qu'on peut imaginer.”

Ce dialogue, je l'ai voulu et recherché, tout aussi passionnément que Jean-François Six.

Ce sera l'une des fiertés de ma vie d'avoir accompli l'un des gestes qui l'ont rendu possible, d'avoir préparé, modestement, dans l'effusion du sacré, la conjonction des initiés.

Pierre Simon

POINTS DE VUE
INITIATIQUES

LA REVUE TRIMESTRIELLE DES FRANC-MAÇONS DE LA GRANDE LOGE DE FRANCE

BULLETIN D'ABONNEMENT

Prix de vente à l'exemplaire 5 euros

❑ Je souscris un abonnement individuel d'un an
(4 numéros) au prix de 20 euros

❑ Je souscris un abonnement individuel de deux ans
(8 numéros) au prix de 30 euros

NOM

PRÉNOM

ADRESSE

CODE POSTAL VILLE

Chèque bancaire à l'ordre de "Grande Loge de France "
Virement postal à l'ordre de "Grande Loge de France »,
C.C.P. n° 2903 20 W Paris.
Mandat postal.

Adresser le présent Bulletin, accompagné du règlement à :
PVI - "Grande Loge de France", 8, rue Puteaux, 75017 PARIS